Pensar es decir no

Pensamiento Herder · Fundada por Manuel Cruz
Dirigida por Miquel Seguró Mendlewicz

Victoria Camps El gobierno de las emociones
Manuel Cruz (ed.) Las personas del verbo (filosófico)
Jacques Rancière El tiempo de la igualdad
Gianni Vattimo Vocación y responsabilidad del filósofo
Martha C. Nussbaum Las mujeres y el desarrollo humano
Gianni Vattimo y Santiago Zabala Comunismo hermenéutico
Fernando Broncano Sujetos en la niebla
Judith Shklar Los rostros de la injusticia
Gianni Vattimo De la realidad
Byung-Chul Han La sociedad de la transparencia
Alessandro Ferrara El horizonte democrático
Antonio Valdecantos El saldo del espíritu
Remo Bodei Imaginar otras vidas
Wendy Brown Estados amurallados, soberanía en declive
Slavoj Žižek Islam y modernidad
Luis Sáez Rueda El ocaso de Occidente
Byung-Chul Han El aroma del tiempo
Antonio Campillo Tierra de nadie
Remo Bodei Generaciones
Byung-Chul Han Topología de la violencia
Antonio Valdecantos Teoría del súbdito
Javier Sádaba La religión al descubierto
Manuel Cruz Ser sin tiempo
Judith Butler Sentidos del sujeto
Byung-Chul Han Sobre el poder
Cass R. Sunstein Paternalismo libertario
Maurizio Ferraris Movilización total
Étienne Balibar La igualibertad
Daniele Giglioli Crítica de la víctima
Miranda Fricker Injusticia epistémica
Judith Shklar El liberalismo del miedo
Manuel Cruz Pensar en voz alta
Byung-Chul Han Hiperculturalidad
Antonio Campillo Mundo, nosotros, yo
Carlos Thiebaut y Antonio Gómez Ramos Las razones de la amargura
Éric Fassin Populismo de izquierdas y neoliberalismo
Byung-Chul Han Buen entretenimiento
Lluís Duch Vida cotidiana y velocidad
Yves Charles Zarka Metamorfosis del monstruo político
Byung-Chul Han La desaparición de los rituales
Eva Illouz y Dana Kaplan El capital sexual en la Modernidad tardía
Catherine Colliot-Thélène Democracia sin demos
Hartmut Rosa Lo indisponible
Byung-Chul Han La sociedad paliativa
Lorenzo Marsili Tu patria es el mundo entero
Zhao Tingyang Tianxia: una filosofía para la gobernanza global
Miquel Seguró Mendlewicz Vulnerabilidad
Luis Sáez Rueda Tierra y destino
Antonio Valdecantos Noticias de Iconópolis
Roberto Esposito Institución
José Antonio Pérez Tapias Imprescindible la verdad
Alain Minc Mi vida con Marx
Adriana Cavarero Democracia surgente
Corine Pelluchon Ecología como nueva Ilustración
Massimo Recalcati ¿Existe la relación sexual?
Rodrigo Castro Orellana Dispositivos neoliberales y resistencia
Laurent de Sutter Magia
Roberto Esposito Inmunidad común
Hanna Ketterer y Karina Becker (eds.) ¿Qué falla en la democracia?
Irene Ortiz Gala El mito de la ciudadanía
Corine Pelluchon Ética de la consideración

Jacques Derrida

Pensar es decir no

Edición preparada por Brieuc Gérard

Traducción de
Antoni Martínez Riu

herder

Título original: Penser, c'est dire non
Traducción: Antoni Martínez Riu
Diseño de la cubierta: Herder

ISBN: 978-84-254-5002-0

Imprenta: Sagràfic
Depósito legal: B-3733-2024

Impreso en España – Printed in Spain

herder

Índice

Prefacio

El sí y el no

Jacques Derrida impartió el curso «Pensar es decir no» en la Sorbona en el año académico 1960-1961. Durante cuatro años, Derrida fue asistente de Filosofía general y Lógica junto a profesores como Georges Canguilhem, Suzanne Bachelard, Jean Wahl y Paul Ricœur. Como recuerda en un texto escrito en homenaje a este último y publicado en los *Cahiers de L'Herne,*[1] se le había concedido entonces total autonomía respecto de los temas de sus cursos y de la organización de sus trabajos tutoriales. Esto cambiará en 1964, cuando ingrese en la École normale supérieure, donde cada año tendrá que seguir el programa de la *agrégation* en filosofía. A pesar de una considerable carga de trabajo, Derrida cuenta que estos años pasados en la Sorbona fueron los más felices de su carrera en la enseñanza superior.[2] Los escritos redactados durante este período de enseñanza, inéditos hasta hoy, trataban de una gran variedad de temas.

Fue en el marco de estas actividades cuando Derrida dedicó cuatro sesiones de docencia a la frase de Alain, la frase que da título al presente libro. Como no se indica ninguna

1 J. Derrida, «La parole. Donner, nommer, appeler», en *Paul Ricœur. Cahiers de L'Herne*, París, L'Herne, 2004, p. 21.

2 J. Derrida, «Discours de réception de la Légion d'honneur», inédito, archivos IMEC, cota 219DRR/253/5,1992.

fecha, es difícil saber en qué momento del año se llevó a cabo ese curso. A pesar de esta incertidumbre, un elemento material relaciona, no obstante, este curso con las circunstancias de su época. El manuscrito está escrito en papel que lleva el membrete «Faculté des lettres et sciences sociales. Histoire de la colonisation».[3] Un recuerdo de que estos años fueron también los del movido contexto del país en que había nacido el filósofo, Argelia, que ganará su independencia el año siguiente, en 1962. El mismo membrete será utilizado por Derrida para redactar su introducción a *El origen de la geometría,* de Edmund Husserl, que traducirá y completará en julio de 1961.

El texto de *Pensar es decir no*, un manuscrito de Derrida para las necesidades de un curso magistral, completamente inédito hasta el día de hoy, nunca tuvo la finalidad de ser publicado. Hoy, sin embargo, se convierte en el primer texto del corpus derrideano; el primer texto publicado *por* Derrida, «Fuerza y significación»,[4] lleva la fecha de 1963.

***

El sí y el no, dos «pequeñas palabras» fundamentales en el pensamiento derrideano, aparecen en primer plano en los escritos de Derrida de la década de 1960, años de pensamiento efervescente en Francia, durante los cuales el filósofo vuelve incesantemente sobre las diferencias de ese par de

3 La cátedra de historia de la colonización de la Sorbona fue suprimida en 1961. La ocupaba en ese tiempo el periodista e historiador Charles-André Julien (1891-1991). Véase O. Saaïdia y L. Zerbini (eds.), *La construction du discours colonial: l'empire français aux XIXe et XXe siècles*, París, Karthala Éditions, 2009, p. 48.

4 J. Derrida, «Force et signification», *La escritura y la diferencia,* Barcelona, Anthropos, 1989, pp. 9-46.

vocablos y las preguntas que plantea. La tensión entre estas dos palabras, si es que podemos llamarlas así, porque, como recuerda Derrida en otro lugar, puede que no sepamos todavía lo que estas pequeñas palabras quieran decir o cómo funcionan en el lenguaje,[5] esta tensión, decíamos, aparte de ser un mecanismo fundamental de la deconstrucción, ofrece igualmente un punto de apoyo pedagógico y retórico importante para Derrida en los cursos de sus primeros años de enseñanza. Ya en 1959-1960, cuando enseñaba en el liceo Montesquieu de Le Mans, Derrida se interroga no sobre el decir no, sino sobre el decir nada, dejando de lado la cuestión de la negatividad. En 1961-1962, a través de otra pregunta de envergadura, «¿Qué es la apariencia?», Derrida apela a los mismos filósofos que había frecuentado en *Pensar es decir no* y se pregunta abiertamente acerca de otra forma de negatividad, la de la apariencia. Vuelve todavía al no en 1963-1964 en un curso magistral sobre Bergson y la idea de nada, así como en otro titulado «El origen de la refutación» en el que regresa a la negación y al origen de la nada en Sartre. Pero vuelve sobre la cuestión sobre todo en 1962-1963 con «¿Podemos decir sí a la finitud?», curso magistral de seis sesiones en el que Derrida corregía a sus alumnos por haberse dejado fascinar por el término «finitud» en sus disertaciones hasta el punto de haber ocultado su engaste en la cuestión del «sí», de la posibilidad de «decir sí», o no, a la finitud. La crítica al «decir», en cuanto acto de lenguaje, no se deja aparte en absoluto durante estos años. En 1961-1962, en un curso sobre «La intuición», Derrida dice del filósofo que «es tal vez aquel que ha escuchado un cierto imperativo de la palabra, esto es, el deber de *decir* para dar sentido y a la vez

5 Id., *Ulises gramófono. Dos palabras para Joyce,* Buenos Aires, Tres Haches, 2002, p. 71.

conformarse al sentido, y el de fundar por respeto al sentido el deber de la palabra en un derecho a la palabra».[6]

Al igual que muchos de sus seminarios posteriores, pero en contraste con un buen número de los cursos del mismo período cuyos únicos rastros son notas dispersas, *Pensar es decir no* fue escrito en su totalidad por Derrida antes de leerlo a los estudiantes. Las marcas de añadidos, cancelaciones y correcciones en un color de tinta diferente denotan también un proceso de relectura y revisión que Derrida mantendrá a todo lo largo de su carrera. Una práctica pedagógica que también vemos en los momentos de improvisación señalados con marcas didascálicas («Comentar pacientemente»). El presente texto tiene además la particularidad de haber sido entregado como la corrección a un ensayo de los estudiantes. Derrida escribe: «Demasiado a menudo, en vuestras disertaciones, el objeto posible de la negación os ha fascinado y habéis enumerado todo aquello a lo que la conciencia podría decir no».[7] Finalmente, otra particularidad material de ese curso es que fue redactado enteramente a mano. La escritura de Derrida, por ser notoriamente difícil de descifrar, representa un desafío editorial importante. El proyecto que genera esta publicación comenzó sin ningún convencimiento de que ese texto pudiera un día ser descifrado en su totalidad respetando su integridad. Un proceso que ha durado varios años y que ha requerido muchas estrategias de descifrado diferentes, como el uso del software Scrabble, y que ha dado como resultado la creación de una base de datos que cuenta hoy con más de 1 500 palabras escritas a mano por Derrida. A pesar de los esfuerzos, todavía algunas palabras ilegibles

6 J. Derrida, «L'intuition», inédito, Archives IMEC, 1961-1962, p. 2.

7 Véase *infra*, p. 33.

aquí y allá se han resistido al escrutinio de pares de ojos aguerridos y atentos. Esos casos rebeldes, que en absoluto impiden la lectura y la comprensión del texto, se indican en el texto mediante <palabra ilegible>, con la esperanza de que algún día puedan ser dilucidados.

La presente edición ha sido preparada a partir de los ficheros digitalizados del manuscrito original de ese curso. Este manuscrito se conserva en el fondo Jacques Derrida en el Critical Theory Archive de la biblioteca de la universidad de California, Irvine,[8] y en el fondo Derrida en el IMEC. Las cuatro sesiones del texto comprenden 109 páginas escritas a mano por Derrida. A ellas se añaden una veintena de fichas adicionales con notas manuscritas y citas de autores mencionados en su curso. Esas fichas aparecen como apéndices al final del libro. Hemos intentado mantener la composición original en la medida de lo posible. Algunas marcas del manuscrito (tachaduras, flechas, signos gráficos de énfasis, etc.) no se han incluido en esta edición por mor de la claridad. En función de su relevancia, a veces se indican en notas a pie de página. Cualquier lector informado puede rellenar estas lagunas consultando los originales a través del Proyecto Archivo Derrida de la Universidad de Princeton.

***

Pensar es decir no está dedicado principalmente a la deconstrucción de una frase del filósofo Alain (1868-1951). A través de esta fórmula provocadora, y hasta contundente, lo que le interesa a Derrida es también el aplomo radical del pensa-

8 El manuscrito original se encuentra en la caja 4, carpeta 16, de los fondos Jacques Derrida.

miento de Alain, antifascista y pacifista convencido. La filosofía de Alain se caracteriza por un género literario singular, los «Propos», fragmentos de pensamiento que son a la vez reflexiones mundanas y proposiciones filosóficas cortantes. Hay muy pocas referencias a Alain en el corpus derrideano. En compensación, *Pensar es decir no* remite también a muchos otros autores que Derrida no dejará luego de leer y releer. Además, aunque este texto precede a los textos fundadores de lo que acabará llamándose «deconstrucción», lo que aquí nos ofrece es efectivamente *una lectura derrideana* de la fórmula de Alain. Derrida se propone exponer en ella toda la tensión que anima esta frase y juega con las contradicciones de lo que se dice (y no se dice) cuando decimos no, sí, cuando decimos que pensar es decir no. Derrida intenta primero explicar las intenciones de Alain para luego superarlas. Al hacerlo, traza para sus alumnos de la Sorbona el plan de una disertación que ellos tuvieron que elaborar previamente. Este manuscrito, por tanto, hace las veces de «corrección» y eso se vuelve transparente cuando Derrida apunta con el dedo los pasos en falso que los alumnos pueden haber dado en sus deberes. Vemos en él, por lo tanto, un ejercicio de método, que se refiere tanto a la forma, de orden pedagógico, como al fondo, a través de la movilización de toda una paleta de pensadores.

El sí-no, lejos de ser un simple binomio, se presenta aquí como la cuestión fundamental, originaria del acto de pensar. Porque de ahí parte el curso de Derrida: ¿qué es el pensamiento? Para Alain, lo que anima este pensamiento, lo que lo despierta, es la búsqueda del reposo, de la adecuación consigo mismo y de una cierta reconciliación con el mundo a través de la búsqueda de la afirmación final, la de la verdad. Tratando de decir sí, sí, esto es eso, el pensamiento llegaría a su destino final y con ello a lo que es él mismo. Entonces abandonaría su búsqueda, se abandonaría a un sueño, el de la creencia. El pensamiento, por lo tanto, solo es pensamiento si está en camino hacia la verdad. Ha nacido con el movimiento que lo lleva a ella y por lo tanto bajo el poder de la negatividad. Por eso Alain dice que pensar es decir no. Por lo tanto, la aparente oposición del sí-no se plantea precisamente por la cuestión del origen y la primacía; entre el sí o el no, ¿qué es primero? El análisis de Derrida discurre por tres etapas principales. En la primera, sigue a Alain en su afirmación de que todo pensamiento es conciencia. Y en cuanto tal, es ante todo un deber moral de búsqueda de la verdad y rechazo de las apariencias.

¿Decir no a qué? Cuestión secundaria y derivada según Derrida. La segunda etapa tiende a ir más allá de la frase de Alain y establece la intransitividad fundamental del no. El no es el proyecto constitutivo de la conciencia y el rechazo de su forma. El objeto de la negación no es más que una apariencia. En realidad, el pensamiento no dice no a nada más que a sí mismo por haber creído en la apariencia, por haber dicho sí sin más. Por lo que «negar» es ante todo «negarse». «No hay en el mundo otro combate»,[9] dice Alain, que el del pensamiento que se niega a sí mismo. Derrida explica que antes de y para enfrentarme al otro, debo enfrentarme al enemigo dentro de mí (es una guerra de Troya, porque el enemigo siempre está allí), que me empuja al sueño, que me empuja a creer en la apariencia sin examen. Si el sí «marca una dirección al otro»[10] como señala Derrida en *Ulises gramófono*, el no se dirige primero y siempre a uno mismo. Ya sea el no al mundo, al tirano, al predicador; tres destinatarios, tres

9 Véase *infra*, p. 33.
10 J. Derrida, *Ulises gramófono*, *op. cit.*, p. 110.

figuras por cuya intermediación el espíritu entra en diálogo consigo mismo; tres noes, todos ellos primero y ante todo un no a sí mismo.

Por último, la etapa final, con mucho la más larga, lleva a una «crítica radical de la creencia en general». También ella se divide en tres secciones.

La primera presenta los presupuestos filosóficos de la fórmula de Alain. En ella, Derrida circunscribe la crítica radical de la creencia alainiana en una filosofía voluntarista de la libertad y del juicio. Para Alain, la creencia es una actitud ingenua en la que, incluso si lo que creo resultara verdadero, mi pensamiento sería todavía erróneo. En efecto, el pensamiento solo es pensamiento si se mueve libremente hacia la verdad. Sobre ese punto, Derrida, siempre igual a sí mismo, siempre él mismo, no deja pasar la oportunidad de interrogarse por su profesión de docente:

> Por eso la enseñanza es cosa tan difícil. Sería muy fácil y no sería nada si no tuviera otra tarea que transmitir la verdad. También debe enseñar el pensamiento, que es algo distinto a una simple técnica de la verdad; y en el momento en que la verdad está al final de una técnica, pues ya se es víctima de estas dos falsificaciones del pensamiento, aparentemente distantes y hasta contradictorias, pero cuya afinidad es sin duda profunda: la sofística y el dogmatismo.[11]

Toda la radicalidad de la filosofía de Alain se expone siguiendo el hecho de que se debe rechazar la idea de prueba como instrumento técnico de la verdad, porque en cuanto se dice sí, se deja de pensar y se empieza a creer. Es necesario destruir

11 Véase *infra*, p. 44.

constantemente la prueba como habitáculo reconfortante y protector de la verdad. Para Alain, la verdad no ha de ser un tesoro, un secreto que proteger. Tampoco ha de ser fija, sino que hay que iniciarla una y otra vez. Derrida concluye que el ultrarradicalismo de la duda de Alain tal vez habría sido repudiada por su maestro, Descartes. Allí donde la duda metódica de Descartes tenía como fin la verdad, la de Alain no ve el fin y Derrida no cesa de afirmar que Alain es más cartesiano que el propio Descartes. Sin embargo, lejos de ver en ello un simple traumatismo de repetición, Derrida define esta búsqueda sin fin por la conciencia de que la duda tiene un valor en sí misma y es la salvación del pensamiento, más que su instrumento. Esta posibilidad nos permite leer una muestra de escritura derrideana, cuya forma se convertirá en típica de su autor y que sin duda hará estremecer a sus traductores:

> Para Alain, lo propio de la incredulidad es que cuando da toda su medida, la incredulidad deja de tener medida. Es sin medida, *inmoderada, desmesurada.* Y a la medida de este exceso se mide la verdad. Solo hay verdad en la medida de la incredulidad. Y esto es lo que se explica en sustancia en este texto, donde la fidelidad al espíritu cartesiano me parece una infidelidad al espíritu de Descartes.[12]

Para decir no, hay que quererlo, nos recuerda Derrida. Y esa voluntad emana de una afirmación, esa que dice sí al valor y a la voluntad de verdad. Por lo tanto, debemos creer, antes que nada. En otras palabras, el pensamiento, para estar seguro de ser pensado, seguro de ser lo que es, se dice sí antes de poder decir no.

12 Véase *infra*, p. 47.

En una segunda sección, Derrida supera la fórmula de Alain. Aquí, al trazar los límites de la reflexión alainiana, Derrida despliega los mecanismos de una futura escritura deconstructiva donde ese «sí» dice no, abandona su ropaje de ingenuidad crédula para asumir el de la fe. Derrida subraya, además, que decir sí es tomar la palabra y que este acto de lenguaje rompe con toda creencia crédula y preobjetiva del ser. Para Alain, si el no abre el espacio de la axiología, el sí de la fe funda ese mismo espacio. Derrida pasa entonces a un examen riguroso del sentido y el valor de este sí axiológico de la fe.

Finalmente, la última sección expone el alcance general de todas estas cuestiones llevando al lector a la doble pregunta del origen de la negación y de la anterioridad de la afirmación axiológica. Tras un breve recuerdo de la historia de la negación, de Platón a Hegel pasando por Kant y un puñado de lógicos, Derrida se demora en la cuestión de la nada en Bergson para reafirmar, específicamente, la imposible simetría entre el sí y el no. Tras confrontar a Husserl con el bergsonismo, Derrida demostrará que, aunque el sí va antes que el no, siempre hay, no obstante, una posible negación antes del juicio y antes del lenguaje. Otorgando a Sartre uno de los análisis más sutiles sobre el origen de la negación, Derrida se interesa por los reproches que este dirige en dicha materia a Husserl. Este alcance general acaba finalmente con una referencia a Heidegger y a una cierta diferencia óntico-ontológica que «nos permitiría entender realmente a Alain cuando dice que "pensar es decir no"».[13]

Lo comprendemos rápidamente con la lectura de este texto: Derrida ve por vez primera en la fórmula de Alain la oportunidad de poner en escena dos términos cuya diferencia

13 Véase *infra*, p. 99.

va más allá de la de ser un simple par binario. El no no es en absoluto simétrico al sí, nos recuerda Derrida en otro lugar.[14] Estas dos palabras son quizá más cercanas a otro binomio al que Derrida dedicará su atención una década más tarde, el de la vida/la muerte, en el que Derrida también se esfuerza por subrayar el carácter diferencial de ese binomio a través de una lógica sin oposición de la *différance*. *Pensar es decir no* es un texto que nos da la oportunidad de ver las huellas de una escritura deconstructiva anterior a la publicación de sus textos fundacionales y nos muestra, además, que el pensamiento del «sí-no» aparece de todas maneras fundamental en el pensamiento derrideano. Su interés adquiere quizá toda su amplitud hoy, una época en la que a menudo es difícil encontrar, o decir, la diferencia entre pensamiento y creencia.

***

Expresamos nuestra gratitud a quienes han hecho posible este libro. Un agradecimiento especial a Katie Chenoweth por su inestimable ayuda y su asesoramiento a lo largo de todo el proceso, a Geoffrey Bennington por sus serviciales sugerencias, a Peggy Kamuf por los ánimos en los primeros momentos y a François Bordes por responder amablemente a nuestras preguntas. Pero, sobre todo, expresamos nuestro especial reconocimiento a Pierre Alferi y a Jean Derrida por su apoyo y confianza en este proyecto.

Brieuc Gérard

14 J. Derrida, *Ulises gramófono, op. cit.*, p. 71.

Pensar es decir no

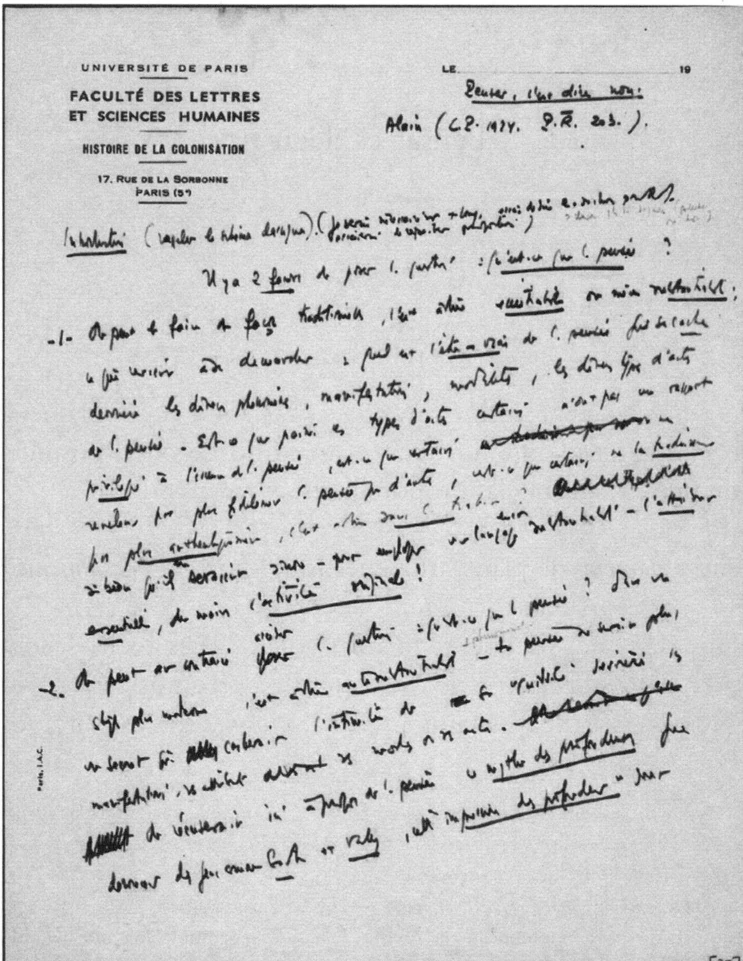

UNIVERSITÉ DE PARIS

FACULTÉ DES LETTRES
ET SCIENCES HUMAINES

HISTOIRE DE LA COLONISATION

17, RUE DE LA SORBONNE
PARIS (5e)

LE 19

Penser, c'est dire non:
Alain (L.P. 1924. P.R. 203.).

Introduction (rappeler le thème d'ensemble). (Je serai nécessairement un peu long, [illegible] [illegible])

Il y a 2 façons de poser la question : qu'est-ce que la pensée ?

-1- On peut le faire de façon traditionnelle, c'est-à-dire essentialiste ou même substantialiste ; [illegible] se demander : quel est l'être-vrai de la pensée [illegible], les divers types d'actes derrière les divers phénomènes, manifestations, modalités, [illegible] un rapport à la pensée. Est-ce que parmi ces types d'actes certains n'ont pas un rapport privilégié à l'essence de la pensée, est-ce que certains ne la traduisent, [illegible] révèlent pas plus fidèlement la pensée que d'autres, [illegible] c'est-à-dire dans la tradition [illegible] substantialiste – l'attitude la plus contemplative, [illegible] si bien qu'il serait [illegible] – pour employer un langage [illegible] essentielle, du moins l'activité rationnelle !

-2. On peut au contraire poser la question : qu'est-ce que la pensée ? [illegible] non substantialiste – la pensée ne serait plus [illegible] plus [illegible], c'est-à-dire [illegible] l'intériorité de [illegible] ses actes. [illegible] manifestations, [illegible] ses modes et ses actes. [illegible] « mythe des profondeurs » [illegible] de [illegible] « impossible des profondeurs » [illegible] donner [illegible] faits et valeurs

[20]

Primera sesión

«Pensar es decir no»[1]
Alain (L.P. 1924.
P.R. 203)[2]

Introducción (recordad el esquema clásico). (Seré necesariamente más extenso, intento decir el máximo de cosas posibles. Intentaré respetar <las proporciones>.[3]

Hay 2 *maneras* de plantear la cuestión: *¿qué es el pensamiento?*

– 1 – Podemos hacerlo de forma tradicional, es decir, *esencialista* o hasta *sustancialista*: lo que equivale a preguntarse: ¿cuál es el *verdadero ser* del pensamiento que se *oculta* tras los variados

1 La totalidad del texto está escrita en papel carta con la cabecera «Universidad de París/Facultad de letras y ciencias humanas/historia de la colonización/17, Rue de la Sorbonne, París (5e)».

2 Alain, *Philosophie. Textes choisis pour les classes*, París, PUF, 1957, vol. 1, p. 274. Aquí «L.P.» hace referencia a la revista *Libres Propos*, publicada por Michel Alexandre entre los años 1921 y 1924, y 1927 y 1935. Alain publicó en ella numerosos *Propos*. «P.R.» se refiere a la colección de textos de Alain, *Propos sur la religion: éléments d'éthique politique*, París, Rieder/PUF, 1938.

3 En el interlineado hay un añadido en tinta gris: «2 puntos de partida (pensar sí no)».

fenómenos, manifestaciones, modalidades, los diversos tipos de actos de pensamiento? ¿No hay entre esos tipos de actos algunos con una relación *privilegiada* con la experiencia del pensamiento? ¿No revelan algunos de ellos el pensamiento con más fidelidad que otros? ¿No lo *traducen* algunos *más auténticamente*, es decir, sin traducirlo? ¿De modo que no serían sino —por emplear un lenguaje aún sustancialista— el *atributo esencial*, o al menos la *actividad original?*

– 2 – Podemos, por el contrario, acceder <a> la pregunta: ¿qué es el pensamiento? con un estilo más moderno, es decir, antisustancialista[4] —el pensamiento no sería ya un secreto que escondería la intimidad de su «quididad» tras sus manifestaciones, sus atributos, sus palabras o sus actos—. Rechazaríamos entonces, a propósito del pensamiento, ese *mito de las profundidades* que denuncian escritores como *Sartre* y *Valéry*, esa *«impresión de profundidades»* de la que Baudelaire dice que es una *«impresión superficial»*. El pensamiento no sería en este caso sino la *totalidad de sus fenómenos*, la *totalidad de sus manifestaciones*, es decir, puesto que el pensamiento no es más que lo que él mismo *se* hace, la *totalidad de sus actos*. Pero si es la totalidad de *sus* actos, es que *se* manifiesta; y entonces, sin no ser más que sus actos, quizá sea más *él-mismo* en unos que en otros, o mejor aún, por ser la totalidad de sus actos, en cuanto son actos *del* pensamiento, ¿no remiten estos a una actividad *fundamental y* auténtica?[5] Podéis ver, así, que no es fácil conjurar el supuesto mito sustancialista,[6] dado que al

4 En el interlineado hay un añadido: «+ fenomenológicamente».

5 En el manuscrito hay una marca de adición indicada mediante «↔». Este símbolo lo utiliza generalmente Derrida como aviso de que comentará de forma oral lo que precede.

6 En el manuscrito las palabras «esencialista o» aparecen tachadas delante de la palabra «sustancialista».

final se impone finalmente en el momento en que se quiere decir en serio *«esto es eso»* o cuando nos hacemos la pregunta: *¿qué es una cosa?*

Fenomenología. Ontología. Los dos caminos se unen, por lo tanto debemos preguntarnos si ciertos actos remiten a una actividad o a una actitud fundamental y esencial del pensar.

Podría parecer en primer lugar que, en la medida en que pensar es tratar de aprehender la *verdad,* decir *«qué es qué», esto es eso,* podría parecer que el pensamiento vaya en busca de una *afirmación* final, de una *aprobación* que se da a lo verdadero;[7] podría así parecer que el pensamiento solo es lo que es, es decir, está *de acuerdo consigo mismo,* cuando se aprueba, esto es, cuando dice sí, *esto es eso,* sí, *las cosas son efectivamente así,* lo cual implica que sí, tienes razón, sí, piensas bien pensando así.[8] Si el pensamiento no parece ser más que *inquietud,* que *discuerda consigo mismo* y con *el mundo,* eso no es más que una *apariencia,* porque el pensamiento está en movimiento hacia lo que busca, que no es otra cosa que el reposo, el acuerdo consigo mismo y la reconciliación con el mundo, es decir, el sí dado a sí y al mundo. Ahora bien, no podemos imaginar que algo sea su propia discordia, o su propia discordancia, su desacuerdo consigo, su propio desorden.[9] Ser algo, sin embargo, supone un cierto reposo de sí también, una cierta paz de la esencia con la existencia, un cierto sí de sí mismo a sí mismo y de sí mismo al mundo.[10] Pero ¿cómo puede el pensamiento, el

7 En el manuscrito hay una marca de adición «».

8 Una flecha introduce aquí las siguientes palabras: «[«Puede ser»: subrayado y tachado]. Sea (valor) supuesto en [«Hay un "sea" en toda afirmación indicativa»: tachado] todo enunciado indicativo es esto o eso. Aprobación normativa inmanente a afirmación indicativa (y hasta al enunciado negativo)».

9 En el manuscrito hay un inicio de frase tachado: «El pensamiento, si es algo, es».

10 En el manuscrito hay un comienzo de frase tachado: «Es, pues, en la afirmación».

único ente que tiene el privilegio de poder *decir* ese *sí*, no ser íntegramente ese deseo de decir sí, esa voluntad de afirmación de sí y del mundo que lo confirmaría en su esencia?

De ese modo, todos los «síes», todos los actos del pensamiento que tienen fuerza y forma de afirmación, de aquiescencia, de aprobación, de aceptación, revelarían *por privilegio* y *por excelencia* la esencia de un pensamiento siempre en busca de una verdad acerca de sí y del mundo en la que reposar y acabar su movimiento, en busca de una certeza o de una evidencia a la que debe, como suele decirse, *«rendirse»*.

Pero «rendirse» es «deponer las armas» (polémica → apariencias...); ¿no es, pues, abdicar, no es desposeerse y renunciarse? – En el momento en que dice «sí»,[11] ¿no se niega el pensamiento a sí mismo, no reniega de sí, no se dice no a sí mismo precisamente porque ese *sí* marca el paso del despertar crítico, de la desconfianza vigilante del centinela[12] que es la marca de todo pensamiento vivo, viviente, a la pasividad de la creencia que supone siempre un fondo de credulidad e ingenuidad? – Y en el *sí*, una vez alcanzado su objetivo, ¿no se *abandona* el pensamiento a sí mismo, en el sentido en que abandonarse es a la vez dejarse ir en la inercia perezosa incontrolada del sueño, y alejarse de sí, separarse de la propia identidad, hacerse extranjero a sí mismo? Indudablemente el *sí*, la aprobación, la afirmación, la aceptación, son el *fin* del pensamiento, el fin en el sentido de *télos,* en el sentido de polo ideal, de meta; sin duda el pensamientos se realiza en el *sí*; pero el fin entendido como *télos* es también el fin en el sentido de término y de hito. Cuando dice «*sí*»,

11 En el manuscrito hay un añadido en la parte superior del margen que dice «Elude la evidencia más apremiante».

12 En el manuscrito las palabras «del centinela» sustituyen a las palabras tachadas: «a la creencia».

el pensamiento se detiene *por fin;* queda acotado, cesa de ser en cuanto pensamiento.[13]

Sin duda el pensamiento quiere *rendirse a la verdad*; pero solo es él mismo cuando se rinde a la verdad en el sentido de que *rendirse a* es *ir hacia*, es decir, estar en camino hacia, vencer los obstáculos, denunciar sus cobardías y sus perezas, renegar de sus inercias, rechazar libremente los espejismos y los fantasmas, negar a todas las presiones el derecho a hacerme decir *sí* demasiado pronto; estar en camino hacia la verdad es, pues, afirmar mi libertad <palabras ilegibles>[14] poder de decir no. Estar en ruta hacia la verdad es decir no a la apariencia. Pero pensar no es «rendirse» a la verdad en el sentido de que «rendirse» es someterse, perderse y traspasar los poderes en el momento de decir *sí* al impostor. En este caso el pensamiento sería, sí, pensamiento, puramente él mismo; en ese momento en que se niega, nacido de esa esencia de negatividad, de ese poder fundamental de negatividad, y la afirmación no sería más que un momento pasajero, diría incluso un *accidente*, tanto en el sentido de *no esencial* (oposición entre accidente y esencia) como en el sentido de *caída*, o hasta de pecado contra el pensamiento. Cuando el pensamiento dice *sí* a eso y aquello, y no llega a su destino final, cae y declina. El sí sería, lieralmente, un *lapsus* del pensamiento.

Por eso dice Alain «pensar es decir no».

1. ¿Qué justifica, según Alain, esa proposición? ¿Podemos tomarla al pie de la letra y aceptar la filosofía que la sostiene?

2. ¿Qué es decir no? ¿Cuál es el sentido y el origen del «decir no», de la negación?

13 En el manuscrito hay aquí un inicio de frase tachado: «En ese caso, la *afirmación*, lejos» seguido de otro inicio de frase borroneado que introduce el párrafo siguiente: «Pensar sería, pues, decir no».

14 En el manuscrito hay unos vocablos ilegibles que pueden ser: «es decir mi».

(1 – Recordad sentido y necesidad de este primer desarrollo) texto o pretexto...

¿Qué quiso decir Alain?[15]

Al describir el movimiento auténtico del pensamiento como movimiento de negación, Alain quiso recordarnos que todo pensamiento es una *conciencia*, lo que,[16] equivocadamente, podría parecer <una palabra ilegible>[17] no ser más que una simple trivialidad. Porque hay formas de pensamiento de las que Alain no se fía y que rechaza con más violencia aún que los simples no-pensamientos, a saber: las pasiones y los reflejos; esas formas de pensamiento, que traicionan tanto más al pensamiento verdadero cuanto que se delatan como pensamiento puro, son precisamente todo lo que podemos clasificar bajo el título de «*ciencia sin conciencia*» —es el saber de quien se pierde en lo que sabe porque, no sabiendo que sabe, pierde toda *libertad* en relación con la ciencia—. Esta es a menudo la característica particular de todo pensamiento puramente científico y técnico, característica que Alain denuncia incansablemente.

Pero ¿en qué sentido «pensar es decir no» nos evoca[18] la *conciencia*, es decir, el *despertar* y la *vigilancia*? Escuchad a Alain: *«Pensar es decir no. Observad que el signo del sí es el de un hombre que se queda dormido; por el contrario, el que se despierta mueve la cabeza y dice no».*[19]

15 En el manuscrito hay un añadido en forma de una serie de términos que son: «justificación/ 3 etapas – necesita profundizaciones cruzadas → crítica».

16 En el manuscrito están tachados los términos siguientes: «parece erróneamente una simple trivialidad».

17 En el manuscrito hay una palabra ilegible que puede ser: «intuitivo».

18 En el manuscrito hay dos palabras tachadas: «la ciencia».

19 Alain, *Philosophie, op. cit.*, vol. 1, p. 274. En el manuscrito la cita va seguida de una frase tachada: «Decir no, es por lo tanto despertar o despertarse».

Decir *sí* es inclinar la cabeza hacia el sueño y la servidumbre del pensamiento → todo lo que no es él y ante todo el cuerpo; es dejar de prestar atención. La aprobación es una somnolencia del pensamiento que a partir del momento en que ha *consentido* ya no es *amo* de sí, ha traspasado sus poderes. Se ha *sometido*, ha encontrado un *dueño*. Por ello, Alain juega con esta imagen en el doble terreno de la psicología de la conciencia, de la psicología de la vigilia y del sueño, y de la teoría política. En efecto, retomando los antiguos temas platónicos de la analogía estructural entre el alma, el cuerpo humano y la ciudad, Alain puede decir también:

«Tan pronto como la cabeza humana reanuda su antiguo movimiento de arriba abajo, para decir sí, los reyes regresan».[20]

Esto quiere decir que, cuando dice *sí*, el pensamiento se aliena, enajena la responsabilidad y su voluntad en provecho de un *otro*, es decir, fatalmente de un no-pensamiento. Ahora bien, todo pensamiento, para serlo, debe ser responsable de sí mismo, instituirse como juez único y mandar en su propia casa. Debe constituirse en ley. Su único régimen político[21] es la *autonomía* o la *autarquía*.

«La función de pensar no se delega en absoluto»,[22] dice también Alain (L.P. 1931. Min[23] 301).

Esta autonomía o esta autarquía no son, por otra parte, contradictorias, según Alain, con la democracia, siempre que esas nociones se entiendan bien.

Eso explica que el *sí* sea el de un hombre que se duerme, que reposa. Observad de paso que esta imagen de Alain está

20 *Ibid.*, p. 278.

21 En el interlineado hay una añadido: «en la ciudad de los hombres o en la ciudad <palabra ilegible que puede ser "intelectual">».

22 Alain, *Philosophie. Textes choisis pour les classes, op. cit.*, vol. 1, p. 277-278.

23 Aquí «Min» hace referencia al texto de Alain, *Minerve ou De la sagesse*.

ligada a una determinada civilización o a una determinada cultura del cuerpo. No tendría ningún sentido en una cultura diferente —del extremo Oriente, por ejemplo, donde el gesto del *no* es nuestro gesto de aprobación—. Por eso se trata aquí más de una imagen, de una ilustración, que de una prueba. Incluso en Occidente no nos dormimos necesariamente dejando caer la cabeza de arriba abajo, sino también de izquierda a derecha o de derecha a izquierda, como para decir no. Lo cual podría incitarnos a demostrar, si quisiéramos competir con Alain en términos *capciosos,* que un cierto *no mecánico* conduciría con la misma seguridad al sueño que si nos dispusiéramos a contar ovejas con la imaginación.

– «Por el contrario, el que se despierta mueve la cabeza y dice no».

La vuelta a la conciencia es un *no* (al cuerpo, a las apariencias oníricas, a la pasividad, no «al sí mismo dormido»). La conciencia nace simultáneamente con el *rechazo.* De modo que el rechazo es *connatural*, y por lo tanto *consustancial* a la conciencia. La conciencia es una *negatividad.* No *llega* a decir no a un momento determinado de su historia. El «no» no le sobreviene, la conciencia se hace conciencia por el *no.* Es el *no* por *naturaleza*, es decir, por origen. El no es su acto de nacer, o de renacer (si se trata de despertar).

(Sobre esa negatividad esencial de la conciencia, cf. Schelling y Sartre, pero no es oportuno en este desarrollo).

Observad que el despertar al que se refiere Alain es[24] el despertar por *arrebato*, el que se produce sin que haya un paso continuo o una transición suave entre el sueño del cuerpo y el despertar de la conciencia —porque la conciencia es un

24 En el manuscrito están tachadas algunas palabras: «alguna cosa como».

arrebato; es una ruptura con el cuerpo . Como veremos, es un dualismo de tipo cartesiano, aún más rotundo que el de Descartes, el que inspira constantemente a Alain y lo hace aquí en particular. Entre la conciencia y el cuerpo, la desconfianza debe ser la norma, y la cohabitación, polémica. La vigilia, y en especial el despertar, es un arrebato porque son una *sorpresa* del cuerpo hecha por el pensamiento que ha escapado de él *por la fuerza* y no sometiéndose al cuerpo en reposo.

Esta identificación del pensamiento con una conciencia en forma de un *no* fundamental nos permite comprender un tema muy del gusto de Alain, a saber, *la identidad natural entre conciencia psicológica y conciencia moral.* Si no hay conciencia psicológica sin conciencia moral y si esta segunda es un supuesto de la primera es porque toda conciencia en general es rechazo. Pero ¿qué es el rechazo sino resistencia a lo que es?[25]

Resistirse a lo que es de entrada es oponer lo que es con lo que debe ser. Por lo tanto, el rechazo es, en su esencia, moral. Por consiguiente, en la medida en que toda conciencia es ese rechazo primordial a lo que es, toda conciencia es ante todo moral. El fenómeno de vigilia más elemental, el más larvario, supone esta voluntad de resistencia a la pasividad, a la magia de la apariencia, a los determinismos del cuerpo, etc. Voluntad de resistencia que es un cierto *coraje*, un cierto *acto de deber* y una *experiencia moral.*[26] Por el *no*, la conciencia abre el espacio que separa el ser del valor. La conciencia no *deviene por lo tanto* moral por la inteligencia de o la participación en una moral constituida; la conciencia está en el deber y, por consiguiente, en el *no*, que son inclusivos,

25 En el manuscrito las palabras siguientes están tachadas: «Resistencia a lo que es, a lo que se es».

26 En el manuscrito hay un añadido: «yo inauguro la moralidad en la negación». Este añadido va seguido de otra señal de adición «↔».

como en su elemento. Este es el texto de Alain (*Histoire de mes pensées*, p. 77).

«La gente de la profesión distingue entre conciencia psicológica y conciencia moral. Sobre esto comentaba en un principio que el término psicológico no es patrimonial, y que es muy inútil asumirlo. Pero otra observación debería llevarme más lejos [...] toda conciencia pertenece al orden moral, porque opone siempre lo que debe ser a lo que es. Incluso en la percepción más simple, lo que nos despierta de la costumbre es siempre una especie de alboroto [cf. sobresalto..., traumatismo, heroísmo] y una enérgica resistencia al simple hecho. Todo conocimiento [...] empieza y continúa con *rechazos indignados*, en nombre del honor de pensar».[27]

Este[28] es, pues, nuestro primer tema: pensamiento = conciencia.

De modo que pensar es decir no porque pensar es estar despierto, es ser consciente; pero ser consciente es estar presente a sí mismo. Negar es un verbo que no tiene un verdadero objeto directo o, mejor, su objeto directo es siempre un sujeto: ¿cómo puede ser eso?

Pero, si es así, ¿cómo puede la «negatividad» ser la forma de estar presente a sí mismo? ¿Cómo puede el *no* ser *conciencia*, es decir, conciencia de sí consigo mismo, conversación del pensamiento consigo mismo?

Porque, para Alain, segundo tema, hay...

Intransitividad fundamental del no.

Pensar es decir no. *¿No a qué?*, se pregunta Alain.

27 Alain, *Histoire de mes pensées*, París, Gallimard, 1936, p. 77. Derrida subraya, añade y omite algunas palabras de la cita original.

28 En el manuscrito hay un añadido en lapiz: «transición por desarrollar».

Sobre esta cuestión del «a qué», quisiera destacar en primer lugar su carácter relativamente secundario y derivado. Demasiado a menudo, en vuestras disertaciones, el objeto posible de la negación os ha fascinado y habéis enumerado todo aquello a lo que la conciencia podría decir no. Pero lo que importa —a Alain en primer lugar—, lo interesante, filosóficamente, no es que el pensamiento rechace *esto* o *aquello*, esto y no aquello, sino que el pensamiento sea el *rechazo mismo*[29] y que sea, en sí mismo, rechazo. Y no es que el «no» sea una orden o una regla o una norma, un imperativo dado[30] a la conciencia con ocasión de tal o cual *objeto*; lo que importa es que este *no*, antes de topar con tal o cual objeto, sea el *proyecto* de la conciencia. El rechazo, si queréis, es la forma misma del proyecto de la conciencia. No es una especie de refutación externa y accidental; es *constitutivo* de la conciencia.

Esto es tan cierto que Alain, después de haber fingido responder a la pregunta «¿a qué?», añade que el objeto de la negación nunca es más que una apariencia, una digresión o un pretexto aparente. En realidad, el pensamiento nunca dice no a nada; solo se dice no a sí mismo. Nunca niega nada en apariencia que antes no *se* haya negado *en realidad a sí mismo* como aquello que primero creyó en la apariencia, como aquello que primero dijo *sí*. Por eso decía hace poco que el objeto directo de la negación es siempre y ante todo el sujeto mismo de la negación. *Negar es un verbo reflexivo*,[31] es decir, es en primer lugar «negarse». Dice Alain: «¿no a qué? ¿Al *mundo*, al *tirano*, al *predicador*? Eso no es más que la apariencia. En

29 En el interlineado hay un añadido: «(rechazo ≠ atributo de la conciencia. Todo rechazo pasa por conciencia)».

30 En el manuscrito hay una palabra tachada que puede ser: «naturalmente».

31 En el interlineado hay un añadido: «Pensamiento = conciencia, pero conciencia *reflexiva*, reflexión y rechazo».

todos esos casos, es a sí mismo a lo que el pensamiento dice *no*. Rompe la feliz *aquiescencia* [quietud e inquietud, bienestar del sueño]. El pensamiento se separa de sí mismo. Combate contra sí mismo. *No hay en el mundo otro combate*».[32]

Antes de retomar los 3 noes [*nons*][33] aparentes del pensamiento al *mundo*, al *tirano*, al *predicador*, antes de mostrar que el diálogo con el *mundo*, con el *tirano* y con el *predicador* está siempre *precedido* y *mediatizado* de alguna manera por un diálogo consigo mismo, Alain insiste en el significado *agonístico* y *polémico* de ese diálogo consigo: «El pensamiento se separa de sí mismo. Combate contra sí mismo. No hay en el mundo otro combate». ¿Por qué no hay en el mundo más combate que este? Porque *antes* de enfrentarse al otro y *para* enfrentarse al otro —en todas sus formas, el otro, el mundo, el tirano, el predicador, o incluso el amigo—, es necesario hacer frente en mí a un enemigo interior, un derrotista interno que me induce al sueño, que me aconseja la huida, que me empuja a ceder, a dejarme vencer o convencer sin examen, sin peligro. El espíritu, por lo tanto, no puede sino librar constantemente guerras[34] de Troya porque su enemigo desde siempre está dentro, ocupando su puesto; porque el espíritu solo puede luchar contra el espíritu y solo puede dejarse derrotar por él. Se trata de un registro[35] completamente distinto, la transposición del tema hegeliano según el cual la guerra solo es posible entre conciencias, lo cual supone ya una primera interiorización del otro en mí. No hay guerras en la naturaleza. Conciencia y autoimpugnación.

32 Alain, *Philosophie. Textes choisis pour les classes, op. cit.*, vol. 1, p. 274-275. Derrida añade y subraya.

33 Así [*nons*] en el manuscrito.

34 En el manuscrito «batallas» está tachado y remplazado por «guerras».

35 En el manuscrito «espíritu» está tachado y remplazado por «registro».

– El *mundo*, el *tirano*, el *predicador* no son sino las tres figuras según las cuales el espíritu se mediatiza a sí mismo, sea para someterse, sea para liberarse, en todo caso para constituirse en interlocutor en un diálogo consigo mismo.

1. ¿En qué sentido el no al mundo es un no a sí mismo?

En el de que toda percepción, por elemental, natural o precientífica que sea, es siempre *crítica de la apariencia.* Para ver alguna cosa, es necesario que me abstenga de una cierta adherencia o adhesión al fenómeno, es necesario que cuestione el fenómeno, que lo solicite, que le pregunte qué es para poder conocerlo o reconcerlo.[36]

«¿Qué veo cuando abro los ojos? ¿Qué vería si debiera creerlo todo? Realmente, una especie de abigarramiento y como un tapiz incomprensible».[37] Creerlo todo, por lo tanto, decir *sí* a todo, es escoger no ver nada. En el fondo, la *epokhé*, esa abstención de juicio por la que los escépticos fueron los primeros en interesarse, así como la *sképsis,* que significa atención *visual*, antes de significar *duda*, esa *epokhé* y esa *sképsis*, antes de ser revoluciones filosóficas, son las condiciones indispensables de toda percepción. Para ver algo, se requiere todo un trabajo implícito de selecciones, críticas y preguntas.[38] Y es haciéndome violencia, haciéndole violencia a la bendita inercia de mi intuición —de la que Kant decía que era, sin el entendimiento, *ciega*— como podré verdaderamente percibir el mundo.[39]

36 En el manuscrito hay una adición que completa el final del parágrafo: «es preciso que yo le diga no, pero es a mi creencia a lo que digo no».

37 Alain, *Philosophie. Textes choisis pour les classes, op. cit.*, vol. 1, p. 275.

38 En el manuscrito el comienzo de la frase siguiente está tachado: «Y esas cuestiones primero me las planteo a mí, a mí mismo que confundiría espontáneamente».

39 En el interlineado hay un añadido de tres palabras subrayadas y después tachadas: «πίστις y caverna».

Alain: «Porque[40] solo interrogándome por las cosas puedo llegar a verlas. Este centinela que alza la mano a modo de visera es un hombre que dice no [escruta].[41] Los que estaban en los observatorios de guerra largas jornadas aprendieron a ver, siempre para decir no. Los astrónomos han ido siglo tras siglo alejándonos de la luna, del sol y de las estrellas, para decir no. Observad que, en la primera presentación de todo lo existente, todo era verdad; la presencia del mundo no engaña jamás. El sol no parece mayor que la luna; no debe parecer de otra forma, ateniéndonos a su distancia y su magnitud. El sol se levanta por el Este, también para el astrónomo: y es que así debe parecerlo por el movimiento de la tierra cuyos pasajeros somos. Pero también es tarea *nuestra* poner cada cosa en su sitio y a la distancia que corresponde. Es, como vemos, *a mí mismo* a quien digo *no*».[42]

Por lo tanto, para percibir hay que estar *al acecho* (imágenes reflejadas en el agua). La conciencia espontánea[43] es *fenoménica* y *quijotesca*: *cree* que las cosas son como se le aparecen por vez primera. Y si no se plantea preguntas, si no se *desprende* de esta primera adhesión, si no le decepciona esta primera adhesión al mundo, no percibirá nada más que sus propias fantasías, es decir, *nada*. Prevalecerá la imaginación sobre el entendimiento. Querer decirse no es tomar nota del hecho de que toda percepción es en el fondo posibilidad de *decepción*, al igual que todo interrogante es en el fondo posibilidad de *negación*. Por eso, al menos para Alain, uno siempre es responsable de sus ilusiones o de sus errores. No se es responsable de haber visto

40 En la cita original Alain escribe: «Pero es interrogándome… ».

41 En el manuscrito hay una marca de adición «».

42 *Alain, Philosophie. Textes choisis pour les classes, op. cit.,* vol. 1, p. 275. Derrida añade y subraya.

43 En el interlineado hay dos palabras añadidas: «afirmación, crédula».

gigantes. Se es responsable de haber cedido a esta apariencia, de haber *opinado*, de haber *juzgado* diciendo: *sí*, son gigantes. El sentido común denuncia claramente esta responsabilidad, esta culpabilidad en el error, cuando dice que *uno se equivoca*. Es a uno mismo a quien se engaña con un determinado acto de voluntad asintiendo prematuramente a las impresiones y a la creencia. El error es ante todo una falta, un pecado contra el pensamiento, y supone malignidad en la voluntad. Quien cae en el error nunca es inocente. Podría haber dicho no.

Este análisis, por supuesto, comparte un voluntarismo y una filosofía del juicio e incluso, en este punto concreto, una filosofía cartesiana del juicio, ya que Descartes subraya claramente el papel de la voluntad en el juicio. Juzgar es, por un acto de voluntad, opinar acerca de, decir sí a una percepción de nuestro entendimiento. El entendimiento percibe una idea, pero no tiene en sí el poder de juzgar. Es la voluntad la que, a través de un acto suyo, convierte la percepción en juicio y nos permite afirmar *«esto es eso»,* la idea es verdadera. Por consiguiente, ya en Descartes —en quien la voluntad es la responsable del error, es decir, de la opinión falsa—, al ser infinita la voluntad, esta supera siempre al entendimiento que es finito, por lo que puede así precipitarse y opinar sobre lo que el entendimiento no acaba de ver.[44]

Valga esto sobre el *no al mundo*, que es ante todo *no a sí mismo*. Es fácil inferir de ello lo que pueden ser lo<s> noes al sí mismo, en la forma del *no al tirano*, y del *no al predicador*.

2. El tirano. «Lo que hace que el tirano sea mi dueño», dice Alain en el mismo texto, «es que respeto en lugar de analizar».[45]

44 En el manuscrito hay una marca de adición «» al final del parágrafo.

45 *Philosophie. Textes choisis pour les classes, op. cit.*, vol. 1, p. 275. Derrida añade.

Para que la tiranía sea posible, y por consiguiente lo sea la servidumbre, es preciso que yo haya dicho *sí* y haya dejado de criticar. Pero aquí una vez más es de un *sí a sí mismo, «a sí mismo dormido»*, de lo que se trata ante todo, ya que, si persisto en el rechazo, la tiranía seguirá siendo externa, someterá el cuerpo, pero será libertad de espíritu. Soy yo quien, gracias a la libertad de mi espíritu, pondré a raya el poder del tirano. El tirano necesita de mi *sí* para hacer de mí su esclavo. Una vez más, como en Hegel, en un momento dado, el amo que necesita del asentimiento y del reconocimiento del esclavo se convierte en esclavo del esclavo a la vez que el esclavo se convierte en el amo del amo. Tema estoico y cartesiano...

Esta teoría de la tiranía vale aquí todavía, y como en Platón, tanto como teoría de la tiranía política como de teoría de la tiranía psicológica del alma sometida a la pasión.

desarrollo <una palabra ilegible> cartesiano.

3. Finalmente, el *no a sí mismo* como *no al predicador.*

El predicador no es un maestro del error, es un maestro de la *creencia*. El *dogma* es por esencia y por etimología aquello en lo que uno *cree*, el objeto de una *doxa*. Pero doxa es a la vez creencia y *opinión* en el sentido de que opinar es decir sí. El dogma es aquello a lo que se dice sí, sin discutirlo, porque es la autoridad, sin pensar, por lo tanto, porque pensar es examinar, discutir la autoridad, *sopesar*, dice también Alain, refiriéndose al origen del término.

Ahora bien, el predicador es aquel que no invoca más que argumentos de autoridad. Es aquel que quiere enseñarme la religión creyendo en el dogma, *creencia* que Alain opone siempre vigorosamente a la *fe*. La creencia se detiene en el fenómeno, en lo que Alain llama el *signo:* se detiene en el símbolo y en la letra, mientras que la fe busca comprender más allá del símbolo el simbolismo, más allá de la letra el espíritu. De manera que decir no al predicador es decir no al signo, para comprender el sentido.[46] Pero el signo solo es signo para mi creencia. Es, pues, a mi creencia, a mí mismo como creyente a quien debo decir no.

«Toda religión es verdadera, de igual manera que el primer aspecto del mundo es verdadero. Pero esto no me dice mucho. Es preciso que diga no a los signos. No hay otra manera de comprenderlos. En todo caso frotarse los ojos y escrutar el signo es lo mismo que estar despierto y pensar. Lo contrario es dormir. Por mucho que uno se decida a creerlo todo, no deja de ser cierto que Jesús es algo más que ese niño que está en la cuna. Hay que ir más allá de la apariencia. El Papa mismo va más allá de las apariencias, en cada una de sus oraciones. Si no, ¿sería orar? En absoluto; sino sueño de un *hombre anciano*. [[47]¿formación de signos?] Detrás del signo, está la teología. Pero si la teología no es más que signo, ¿qué es? ¿Y qué hay detrás de la teología? Es preciso entender que es siempre decir no. No, tú no eres lo que pareces ser. Como el astrónomo habla al sol; como habla quienquiera que sea a las imágenes reflejadas en el agua. ¿Y qué son exactamente los escrúpulos [escrúpulos – pequeñas preocupaciones – pesos – obstáculos»], si no es decir no a lo que se cree? El examen de conciencia [sentido religioso] consiste en decir no al sí dormido. Lo que yo creo nunca es suficiente, y la incredulidad es de fe estricta. "Toma tu lecho y anda"».[48]

46 En el manuscrito hay un comienzo de frase borroneado: «Y decir no al signo es decirse no a sí mismo, que *cree* la creencia».

47 En el manuscrito hay una marca de adición: «».

48 Alain, *Philosophie. Textes choisis pour les classes, op. cit.*, vol. 1, p. 275-276. Derrida añade y subraya.

Crítica por lo tanto[49] de la creencia en general que, en la tercera parte principal de este desarrollo dedicado a Alain (recordad las dos primeras: pensamiento = conciencia. Intransitividad de la negación o negación y reflexión), vamos a examinar directamente.

Y veremos.

1. Cuáles son los presupuestos filosóficos generales de la fórmula de Alain.
2. Cómo encontraremos en el pensamiento de Alain elementos para una superación de esta fórmula (pensar: decir no).
3. Cómo a partir de esa posible superación posible la disertación puede → alcance general.[50]

49 En el margen hay un añadido precedido de una flecha que apunta al inicio del parágrafo: « – no al predicador».

50 En el manuscrito hay una marca de adición: «».

Segunda sesión

«Pensar es decir no» (2)

Después de haber señalado los diferentes caminos por los que podríamos encaminarnos hacia esta cuestión, expusimos los términos.[1] Habíamos visto cómo debía entenderse una pregunta sobre la negatividad del pensamiento. Negatividad que podría ser *tanto* esencia constitutiva *como* modo accidental del pensamiento.

Luego, planteada la pregunta, comenzamos con un primer intento a examinar la respuesta de Alain tratando de comprenderla y de justificarla en sí misma partiendo de ella. Debía hacerse eso en *tres etapas* que nos harían avanzar hasta el núcleo y los presupuestos generales del pensamiento de Alain en cuanto contienen la fórmula que examinamos.

La primera etapa era la negatividad del pensamiento bajo la forma esencial de la *conciencia* vigilante de la *vela*. El rechazo se nos había aparecido como *congénito* y *consustancial* al pensamiento que, siempre y cuando esté despierto, es voluntad de *autarquía* y de *autonomía* y que primero es «moral» para ser luego *psicológico*, ya que mediante ese rechazo del ser y del hacer, instaura la sombra del deber-ser y del valor.

1 En el manuscrito aparecen algunas palabras tachadas al inicio del parágrafo: «La última vez, después de haber planteado el problema de saber».

De ahí pasamos a una *segunda etapa*, donde se planteaba la cuestión del *origen de la negación*, el «*a qué*» se dice no. Discutimos con Alain acerca del tema de lo que he llamado la *intransitividad fundamental de una negación* que nunca tiene un objeto directo si no es en apariencia, porque es sobre todo en realidad *un no del pensamiento a sí mismo*, una negatividad refleja. Lo<s> noes al *mundo*, al *tirano*, al *predicador*, que hemos explicado sucesivamente, remitían cada uno a un no a sí, un no al *sí mismo dormido*, y, más profundamente, a una filosofía *voluntarista* y *cartesiana* del *juicio*, del *error* y de la *falta*. El no al *predicador*, como hemos visto, era el no al yo *creyente*,[2] es decir, al yo *dogmático*, *filosófico*. Y con ello, se pasaba a lo que creo que es la clave final de la fórmula de Alain, es decir, a una «crítica de la creencia» que vamos a examinar ahora en la tercera y última etapa de este primer desarrollo.

***

3 – Esta *crítica radical de la creencia*, que es la característica de una filosofía voluntarista de la libertad y del juicio, nos ha de permitir determinar mejor, y al mismo tiempo limitar, el alcance de la frase de Alain. Dado que se trata ante todo y en esencia de una crítica a la creencia, no es realmente a sí mismo a lo que el pensamiento dice no, sino a ese ídolo[3] o a esa decadencia del pensamiento auténtico que es el pensamiento *creyente*, esto es, el pensamiento *crédulo*. Porque, como dice Alain en otro lugar, «el espíritu de incredulidad

2 En el interlineado hay un añadido de cuatro palabras difíciles de descifrar, que quizá son: «bajo todas sus formas».

3 En el manuscrito las palabras siguientes están tachadas: «del pensamiento auténtico».

no es más que el espíritu sin más» (L.P. 1934).[4] La creencia es, en efecto, una cierta actitud <palabra ilegible>;[5] es ese *sí* ingenuo y banal que hay que reducir al silencio; y es necesario reducirla, porque está por debajo del juicio. Es pasiva y se entrega atada de pies y manos a la primera apariencia o a la primera autoridad. Es el asidero que le damos al *dogmático* y al *predicador* renunciando al juicio y que es en esencia el no-juicio. Por eso, el discurso del predicador, la *predicación*, es siempre el lenguaje del prejuicio, incluso si ese prejuicio pudiera ser verdadero. El predicador se dirige siempre a la *naturaleza* y al *cuerpo* que de por sí mismos no saben rechazar. Es, pues, un dualismo del espíritu y de la naturaleza, un dualismo cartesiano, unido a un mecanismo de la naturaleza en el que se sostiene esa crítica de la creencia. A propósito de la palabra «pensar», Alain escribe: «Es sopesar lo que llega al espíritu, suspender su juicio, controlarse a sí mismo y no complacerse... *Es, pues, un rechazo del pensamiento natural* y, en un sentido más profundo, *un rechazo de la naturaleza*, que efectivamente no es juez de los pensamientos».[6]

Lo que me parece particularmente interesante en este rechazo del *dogma* como rechazo de la naturaleza es que a través de él el pensamiento no se define en su *autenticidad* más que a partir de sí mismo y singularmente a partir de la *verdad*,

4 Alain, *Philosophie. Textes choisis pour les classes, op. cit.*, vol. 1, p. 250.

5 En el manuscrito hay una palabra ilegible que puede ser «nuestra».

6 Alain, *Philosophie. Textes choisis pour les classes, op. cit.*, vol. 1, p. 258. Derrida subraya y mutila la siguiente cita: «Sopesar lo que viene a la mente, suspender el juicio, controlarse y no complacerse. Pensar es pasar de una idea a todo lo que se le opone, a fin de sintonizar todos los pensamientos con el pensamiento actual. Se trata, pues, de un rechazo del pensamiento natural y, en el fondo, de un rechazo de la naturaleza, que, en efecto, no es juez de los pensamientos. Pensar es, pues, juzgar que no todo está bien en nosotros tal como se presenta; es un trabajo largo y una paz precedente».

es decir, en el sentido clásico, de la adecuación al objeto. Esto significa, sin más, lo siguiente: aunque sea *verdad* lo que *creo*, mi pensamiento está equivocado. Se equivoca no porque le falta objeto, sino porque se falta a sí mismo. O aún más, si se quiere, *lo verdadero nunca puede ser objeto de una creencia.* Creer no es ser libre de juzgar, y lo verdadero, para serlo, presupone que uno acceda a ello libremente. Y solo en este movimiento libre el pensamiento es pensamiento. Y lo verdadero no es nada sin esta libertad de juicio. La libertad es lo que constituye la verdad como tal. Por eso la enseñanza es cosa tan difícil. Sería muy fácil y no sería nada si no tuviera otra tarea que transmitir la verdad. También debe enseñar el pensamiento, que es algo distinto a una simple técnica de la verdad; y en el momento en que la verdad está al final de una técnica, pues ya se es víctima de estas dos falsificaciones del pensamiento, aparentemente distantes y hasta contradictorias, pero cuya afinidad es sin duda profunda: la sofística y el dogmatismo.

L. P. 1922. Min. 43.
Comentar pacientemente:

> Hay una presión continua y muy hábilmente dirigida contra el espíritu. Hay una forma de enseñar, ya sea ciencia o lenguas o historia, que va obstinadamente en contra del espíritu. El antiguo aprendizaje, que no es más que esclavitud, vuelve por todas partes bajo la fachada de *saber técnico*. [Cf. ciencia sin conciencia] En resumen, digo que el espíritu aún no ha hecho nada; pero es porque no está despierto. Veneramos un montón de piedras enormes, y los verdaderos creyentes aportan una piedra más cada día. Tal es la tumba de Descartes.[7]

7 En el manuscrito aparece aquí una marca de adición «↔».

> Deberíamos atrevernos; no nos atrevemos. ¿Pero lo sabemos realmente? La doctrina del libre juicio está profundamente enterrada. Apenas veo nada más que creyentes. *Tienen el escrúpulo de creer solo lo que es verdad. Pero lo que creemos nunca es verdad.*[8]

En otras palabras, el *sí*, incluso el pronunciado al final del examen más crítico, aunque esté absolutamente fundado, convierte la *conciencia* en *creencia*, y la *verdad* en *dogma*. Supongamos que, «inspirado» por una desconfianza radical, rechazo indefinidamente pruebas con el pretexto de que seguramente no son más que apariencias, hasta que en un momento dado tengo la *prueba* absoluta de la verdad de la evidencia: entonces digo *sí*, sí a la *verdad*; pero en el mismo instante en que he consentido, por más necesario y fundado que sea mi consentimiento, empiezo a *creer* y dejo de *pensar* hasta que quebranto de nuevo, si es el caso, mi creencia. En el fondo, lo que Alain rechaza aquí es la idea de prueba como instrumento técnico de la verdad; la prueba o el sistema como habitáculo acogedor y refugio de la verdad es lo que hay que destruir sin cesar.[9] La verdad nunca está en un objeto; la verdad no es un tesoro; no es un secreto que ponemos a guardar; hay que iniciarla una y otra vez. Esta crítica de la creencia nos lleva a *tres conclusiones* que nos ayudarán a comprender mejor a Alain y a desconfiar por parte nuestra de su fórmula. Es decir, para ser fieles a Alain, quizá sea necesario saber rechazar un dogmatismo de la negación.

Primera conclusión: el rechazo de la prueba como aletargamiento de la verdad lleva a Alain a un *ultrarradicalismo*[10] *de la*

8 Alain, *Philosophie, op. cit.*, vol. 1, p. 273. Derrida subraya. En el manuscrito aparece aquí una marca de adición «↔».

9 En el margen del manuscrito hay un añadido: «La prueba fatiga a la verdad».

10 En el manuscrito Derrida sustituye «hiperradicalismo» por «ultrarradicalismo».

duda que su maestro Descartes quizá no habría aprobado. Por supuesto, la duda de Alain es todavía una duda *metódica* y no una duda *escéptica* o *nihilista*, pero es una duda metódica que no tiene fin. Mientras que el «método», es decir, conforme a su etimología, el «camino por el que» se va a la verdad tiene un final, que es la verdad.[11] Sobre todo en Descartes.

Alain, lo veremos a propósito del texto, es un *Descartes sin Dios*, o más bien un *Descartes cuyo Dios no es cartesiano*. Alain es un Descartes que, considerándose más fiel al cartesianismo que el propio Descartes, quiere reiniciar constantemente los gestos que Descartes creyó que bastaba hacer de una vez por todas. Visto desde fuera y expresado en el lenguaje del psicólogo, esto se parece a un trauma de repetición. A partir de la escena traumatizante que es la primera experiencia de la duda radical, no puede hacerse otra cosa que repetir un guion inicial.[12] En realidad, y yendo más al fondo, se trata de ser conscientes de que la duda tiene valor en sí, que es más la salvación[13] que el instrumento del pensamiento.

> La duda es la sal del espíritu [cf. Lagneau, maestro de Alain]; sin la menor duda, todos los conocimientos se descomponen pronto. Hablo tanto de los conocimientos mejor fundados como de los más razonables. Dudar cuando se percibe que uno se ha equivocado o que ha sido engañado, no es difícil; pero diría que esto no sirve de mucho;[14] esta *duda forzada* es como una violencia que se nos hace; es también una duda

11 En el manuscrito hay una marca de adición «↔».

12 En el manuscrito hay un añadido en el interlineado: «(Leibniz ≠)».

13 En el manuscrito «la salvación» sustituye a «la esencia»; esta última palabra está tachada.

14 En el margen del manuscrito hay un trazo vertical a lo largo de la cita y un añadido: «Comentad otros filósofos».

> triste; una duda por débiles; una decepción por haber creído y una confianza engañada. La verdad es que no hay que creer nunca, y que siempre hay que analizar. La incredulidad no ha dado todavía toda su medida.[15]

[16]Pero, para Alain, lo propio de la incredulidad es que, cuando da toda su medida, la incredulidad deja de tener medida. Es sin medida, inmoderada, desmesurada. Y a la medida de este exceso se mide la verdad. Solo hay verdad en la medida de la incredulidad. Y esto es lo que se explica en sustancia en este texto, donde la fidelidad al espíritu cartesiano me parece una infidelidad al espíritu de Descartes.

L.P. 1924. P.R. 23.[17]

> Hay alguna cosa muerta en la teología, alguna cosa muerta también en la geometría. Son ideas bajo llave; y nadie va ya a verlas, y se contabilizan por registros y resúmenes, como hacen los contables [cf. Husserl]. Pero estas provisiones del espíritu se corrompen aún más rápidamente que las provisiones de boca. ¿Y qué es una idea que no se piensa? Bossuet prueba a Dios por las verdades eternas. «Una verdad no puede dejar de ser una verdad. Descartes muere, Bossuet muere, la verdad no muere. Pero como una verdad tampoco es nada sin nadie que la piense, ha de existir un Pensador eterno». He ahí un pensamiento de discípulo y un armario donde guardar

15 Alain, *Philosophie. Textes choisis pour les classes, op. cit.*, vol. 1, p. 277.

16 En el interlineado, entre la cita y el parágrafo sucesivo, se ha añadido una frase posteriormente tachada: «Ilustración: el pensamiento de Leibniz sobre Descartes: si se empieza a dudar, ya no se puede eliminar esa duda. Por lo tanto, no de dudas ≠Alain».

17 «P.R. 23» hace referencia a *Propos sur la religion* y a 20 de diciembre de 1923, fecha de la redacción de ese *Propos* de Alain.

> ideas.[18] Descartes es muy difícil de seguir, porque rompe el armario de las ideas y las ideas mismas, llegando a decir que no hay en absoluto verdades eternas y que la voluntad de Dios las decide en cada momento, incluso la del triángulo y la del círculo. Quien pueda entender que lo entienda. En todo caso hay aquí un escándalo y una ocasión de dudar de lo indudable; por lo que la teología de Descartes está animada por la incredulidad...[19]

Descartes, a decir verdad, nunca dijo que no hubiera verdades eternas. Al contrario, y Alain sin duda lo sabe mejor que nadie. Descartes dijo simplemente que Dios era el creador de las verdades eternas, y que esta creación era una creación continua. Con lo cual, Dios bien podría hacer que la verdad de los triángulos fuera puesta en cuestión. Es algo que está a su alcance. Pero, precisa inmediatamente Descartes, Dios no puede querer utilizar este poder porque está en su esencia que los caminos que elige son simples e inmutables.[20] Sin duda la creación continua solo es conservación a los ojos de los humanos, pero esta creación continua, para estar en consonancia con la esencia de Dios, debe ser un empezar de nuevo sin un paso atrás; en el fondo, es la definición misma del Dios veraz que Descartes, como hemos visto,[21] tanto

18 En el manuscrito Derrida añade aquí en el cuerpo de la cita: « ↔ (cf. Delegación)...».

19 Alain, *Philosophie, op. cit.*, vol. 1, p. 276.

20 En el manuscrito hay una marca de adición «↔». Derrida hace aquí referencia a la «Quinta meditación» de las *Meditaciones metafísicas* de Descartes. Por otra parte, en 1962-1963, Derrida dedicará un largo curso a las *Meditaciones cartesianas* de Husserl.

21 Derrida hace aquí sin duda referencia a un curso dado en 1960-1961 titulado «Esencia Existencia» en el que examina la «Quinta meditación» de Descartes y la prueba de la existencia de Dios.

necesita.[22] Eso es lo que Alain no quiere entender de Descartes: el aparato de las pruebas, las garantías de la veracidad divina, la confianza en una verdad de la que no tengo una evidencia actual, la certeza absoluta, en una palabra.

Alain necesita un Dios a imagen y semejanza de su desconfiado, de su incrédulo, un Dios que ya no es garante porque duda y puede volver a empezar incesantemente. Un Dios que no sea reconfortante, en quien no se pueda descansar. En el fondo, Alain habría deseado que nos quedáramos en la hipótesis del Dios que engaña y hasta en la del Genio Maligno para salvar el pensamiento y la iniciación del pensamiento —el pensamiento no tiene más inicio que el no—. Por lo tanto, necesita introducir una cierta negatividad en Dios para que el hombre no pueda jamás descansar en la positividad de una prueba absoluta.[23] Por eso interpreta y deforma deliberadamente la donación de la creación de las verdades eternas en un sentido «finitista».[24] El pensamiento, en su mero ejercicio, podríamos decir que es, en cierto sentido, ateo.[25]

Por eso el geómetra de Alain se parece muy poco al geómetra cartesiano, al de Descartes y al de Malebranche.[26] Alain (continuación del texto leído anteriormente): «...la teología de Descartes está animada por la incredulidad. Al fuego los ídolos. Así procede el verdadero geómetra, siempre dudando

22 En el manuscrito la siguiente frase está aquí tachada: «Pero Alain necesita a un Dios que dude y hasta que pueda engañar».

23 Aquí se han añadido algunas palabras en el interlineado: «(inferior, <una palabra ilegible>) ya en la creación».

24 En el manuscrito hay aquí una marca de adición «↔».

25 En el manuscrito se han tachado aquí varias palabras: «Geómetra verdadero. (≠Descartes Malebranche). Geómetra (Alain – Diderot)».

26 En el manuscrito hay una marca de adición « ↔» en la parte inferior de la página, así como una palabra añadida: «alucinación».

y deshaciendo, de dónde nacen y renacen las ideas. Pues sostengo que si uno quiere saber qué es una línea recta debe pensar siempre en ella, quiero decir, quererla y mantenerla siempre, *lo cual es dudar y creer a la vez*».[27]

geo. *creador, responsable, reactivar.*[28]

Segunda conclusión: cuestión más difícil. Entendida como acabamos de hacerla, la crítica general de la creencia nos lleva a un *dualismo* que no tiene el mismo sentido que el del espíritu y la naturaleza, de la conciencia y el cuerpo, de la libertad y los mecanismos, dualismo al cual nos remitía, como recordaréis, el análisis de la negatividad del pensamiento. Nos las vemos ahora con una dialéctica necesaria e inmanente al pensamiento en torno a ese esquema. La creencia no es algo distinto al pensamiento, un efecto del cuerpo, de la naturaleza, etc. No es una especie de función psicológica ni tampoco de una actitud psicológica autónoma que entraría en juego cuando el pensamiento entrara en sueño. No es una fatalidad externa al pensamiento. No es simplemente una no-libertad, que limita por accidente la libertad del espíritu. Al contrario, es un momento necesario del espíritu en su movimiento hacia la verdad. «El geómetra debe creer y dudar al mismo tiempo», decía Alain.[29] Yo no puedo hacer otra cosa, ante lo verdadero, que creer y decir sí. Debo —una vez que haya dicho *sí* a lo *verdadero— despertar* inmediatamente mi creencia para que lo verdadero no se convierta en una cosa inerte, muerta, un signo o un sistema. Pero este despertar

27 Alain, *Philosophie. Textes choisis pour les classes, op. cit.*, vol. 1, p. 276. Derrida subraya.

28 En el manuscrito estas cuatro palabras se alinean unas tras otras. Las tres últimas están subrayadas. La primera es sin duda la abreviatura de «geómetra».

29 Aquí Derrida parafrasea, sin duda.

mismo no tiene sentido sin el *sí*.[30] Creencia y duda no son sino dos momentos dialécticos—tan necesario el uno como el otro— del pensamiento. El adormecimiento de la duda, por consiguiente, no es una simple afección del alma, una acción del cuerpo como en el dualismo cartesiano. Es el aliento mismo del pensamiento, una fase rítmica suya, un *periodo necesario* del pensamiento.[31]

Si el *sí* de la creencia a lo verdadero es tan *vital* para el pensamiento, para la conciencia y para la verdad, como el *no*, entonces ya podemos preguntarnos si pensar es decir *no* más bien que *sí*, o qué sería un no que no se nutriera de un sí. En otras palabras, al pasar, en el pensamiento de Alain, del dualismo espíritu/naturaleza a un dualismo más profundo que lo sustenta y que le es inmanente, en el momento en que comprendemos realmente lo que significa el no entendido como no al sí mismo del pensamiento, tomamos conciencia de que el no a sí es coesencial a un sí a sí mismo, un sí a sí mismo que lo sucede tanto como lo precede, y sin el cual el no sería un gesto estéril, un tic y no un pensamiento. Dialéctica de la temporalidad. Descartes ≠ instante.

Esto nos lleva a la *tercera y última conclusión*, que nos hará descubrir el *sí de la creencia* y por lo tanto el *no a la creencia*, el sí de la fe y de la fidelidad que motiva todo movimiento negativo y dubitativo.

30 En el manuscrito hay aquí una marca de adición «↔» así como las palabras «deficiencia necesaria».

31 En el manuscrito hay una marca de adición «↔» después del parágrado, además de las palabras: «El parpadeo de los ojos <una palabra ilegible que puede ser "no ser"> → locura verdad».

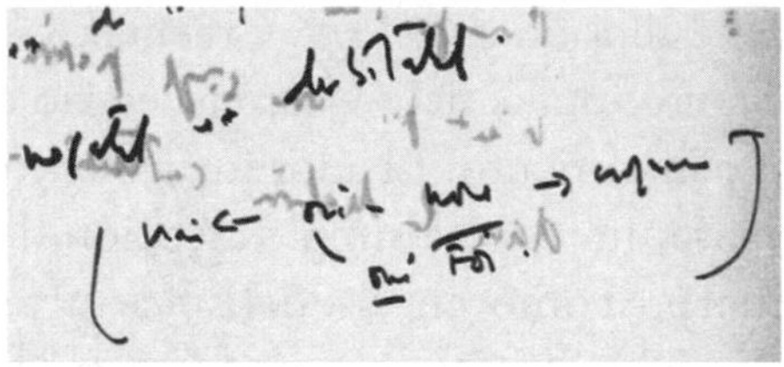

(Verdadero ← si – no → creencia)
si /fe

Llegamos aquí[32] a un nivel de *radicalidad* más hondo, y no debe sorprendernos encontrar ahora —en la obra de Alain, siempre— … proposiciones que parecen contradictorias con lo que hemos conocido hasta este momento. En efecto, para decir no, para dudar, para rechazar, hay que *querer*, hay que *decidir*. Se necesita un *fiat* o un *sea* que es un *sí* al *querer decir no*. Digo no a esta creencia, a este contenido de creencia, pero digo *sí al valor* y a la voluntad de *verdad* en cuyo nombre digo no. Y esta creencia en el valor precede a la creencia ingenua de la credulidad y, por lo tanto, al no a la creencia ingenua. El *sí* axiológico es fundamental. Querer = afirmación. El voluntarismo no puede ser una filosofía de la negación. Por eso Alain escribe, en un texto que parece impugnar «pensar es decir no», estas frases que en realidad fundan y dan gravedad y seriedad a «pensar es decir no».

L.P. 1921 P.R. p. 87
Leer p. 260-261 (1)[33] comentar.

32 En el manuscrito, en cabeza de página, hay un comienzo de frase tachado: «El *sí* cuya inclusión dialéctica con el *no* acabamos de descubrir, era de alguna manera simétrico al no».

33 Ese número (1) aparece en el margen de la copia de Derrida del texto *Philosophie. Textes choisis pour les classes* de Alain.

> Ante todo, hay que creer. Hay que creer antes de toda prueba, pues no hay pruebas para quien no cree en nada. Auguste Comte meditaba a menudo sobre este pasaje de la *Imitación*: «La inteligencia debe seguir a la fe, y no precederla; menos aún quebrarla». Si no creo en absoluto que pensar bien o mal depende de mí, me abandono a pensar a la deriva; mis opiniones vaguean en mí como sobre un puente los transeúntes. Y no es así como se forman las Ideas; hay que querer, hay que elegir, hay que mantener. ¿Qué interés puedo encontrar en una prueba si no creo firmemente que seguirá siendo buena todavía mañana? ¿Qué interés, si no creo firmemente que la prueba es buena para mí y buena para todos? Pero eso no puedo probarlo; toda prueba lo presupone. ¿De qué manera explicaría Sócrates la geometría al pequeño esclavo, si no tuviera la certeza de encontrar en esta forma humana la misma Razón que ha mantenido en sí mismo?[34]

Por consiguiente,
dos creencias: Fe y credulidad. Es la fe la que dice no a la credulidad.
Fe y locura (no olvidar *Zweifel-sucht* = locura de la duda).
Credulidad pura: locura (≠ <una palabra ilegible>[35] = negatividad pura).
El «loco es un hombre que se cree a sí mismo.[36]

Única protección = fe.[37] Leer p. 260 «Hay que creer y creer...».[38] Fe = razón.

34 Alain, *Philosophie. Textes choisis pour les classes, op. cit.*, vol. 1, p. 260-261.
35 En el manuscrito hay una palabra ilegible que quizá sea «no-ser».
36 Alain, *Philosophie. Textes choisis pour les classes, op. cit.*, vol. 1, p. 259.
37 En el manuscrito estas palabras están enmarcadas.
38 Alain, *Philosophie. Textes choisis pour les classes, op. cit.*, vol. 1, p. 260. «Hay

Negatividad = pensamiento.

Para decirse no, el pensamiento debe primero decirse sí a sí mismo, estar seguro de sí.

Es necesario estar seguro *ante todo* = *fidelidad*. Adelantarse al acontecimiento para comprenderlo.

«A menudo he dicho que la fidelidad es la luz del espíritu; lo sé. En cuanto uno cambia sus ideas en función de los hechos, la inteligencia no es más que una niña».[39]

*

De manera que no solo ese comentario de Alain nos ha llevado a lo opuesto a «pensar es decir no», sino que no ha hecho más que reabrir el debate dándole toda su amplitud. Hemos visto que, en Alain, el *sí* y el *no* mantenían complejas relaciones de inclusión que cambiaban de sentido según el nivel de racionalidad en el que nos situábamos. La cuestión continúa, pues, abierta. Pero el modo en que se nos ha llevado a invertir la forma inicial del pensamiento de Alain en el transcurso de su simple comentario nos lleva en la segunda parte, ahora sigue, a plantearnos nuestra pregunta sobre el sentido de este «sí» que ya no es el de la ingenuidad crédula sino el de la fe.

---

creencias y creencias, y esa diferencia aparece en las palabras creencia y fe. La diferencia llega hasta la oposición; pues según el lenguaje común, y para la práctica corriente de la vida, cuando decimos que un hombre es crédulo, queremos decir que se permite pensar cualquier cosa, que está sometido a la apariencia, que está sometido a la opinión, que no tiene recursos. Pero cuando decimos de un empresario que tiene fe, queremos decir justamente lo contrario. Ese significado, tan humano, tan claro para todos, está desnaturalizado por aquellos que quieren que se les crea. Porque loan la fe, dicen que la fe salva, pero al mismo tiempo la rebajan al nivel de la creencia más boba. Ese nubarrón no está para clarear. Metámonos dentro; ya no es más que una niebla. Discernimos unos pocos contornos; es mejor que nada».

39 *Ibid.*, p. 267.

¿Qué es ese «sí» que no solo no ha sido refutado, sino que se ha proferido bajo la especie de un «no»? ¿Qué quiere decir, en este sentido nuevo y más profundo, «pensar es decir sí» y qué legitima esa nueva afirmación?

Segunda (parte principal).[40] Observemos en primer lugar, muy simplemente, que, al contrario de lo que parecía pensar Alain, ningún *sí* podría ser totalmente *ingenuo* y *crédulo*. El *sí* es algo que *se dice*. Alain dice: pensar es *decir* no. Y el *decir*, la palabra en general supone una ruptura primera con la inocencia feliz y con la inconsciencia bruta, con la pasividad ingenua, una ruptura, en una palabra, con una participación preobjetiva con el ser, con *creencia*. Incluso si es un *sí* de credulidad, esa credulidad no es *natural;* es la credulidad que supone una cierta elección fundamental y por lo tanto ese distanciamiento y por lo mismo esa negatividad primera que funda... aunque solo sea la actitud *recitativa* del sujeto hablante (Goldstein[41] <una palabra ilegible> actitud simbólica <una palabra ilegible>)...[42] Fácil.

La somnolencia letárgica o hasta el loco de Alain, aquel de quien dice que es todo creencia o credulidad para sí mismo, si existieran en estado puro serían incapaces tanto del *sí* como del *no*. La somnolencia sin sueño, el sueño mismo, la pura locura son ámbitos en los que el lenguaje ya no se rige por las categorías de negación o de afirmación. Aquí, análisis concreto posible (niño – animal – etc.). Con el *sí* y el *no* estamos siempre ya separados de la naturaleza.

40 En el manuscrito, en cabeza de página, hay un añadido: «Pensar *es decir* sí».

41 Derrida hace sin duda referencia al psiquiatra y neurólogo alemán Kurt Goldstein (1878-1965), cuyos trabajos influyeron en filósofos como Maurice Merleau-Ponty y Georges Canguilhem.

42 En el manuscrito hay una palabra ilegible que quizá sea «Deleuze».

Llegados aquí, hay que distinguir ahora entre el *sí* de la fe (según Alain) y el *sí* o el *no* del pensamiento en acto, del pensamiento en acción, y ver en qué sentido el sí de la fe es *presupuesto* por este pensamiento en acto. (Fe = vaciada de cualquier significado religioso concreto.) Con Alain, hemos aprendido *dos verdades*:

1 – El no *abre* el espacio de la axiología.[43]

2 – El *sí* de la fe funda este espacio axiológico.

Entonces, ¿qué significa ese fundamento afirmativo?

Es una cuestión que examinaremos *sucesiva* y *progresivamente* en sus dos aspectos principales. La axiología, o teoría de las normas, o teoría del valor, tiene un sentido *especulativo* (lo verdadero es una *norma*). También tiene un sentido *práctico* (el Bien también es una norma).

1) En su *sentido especulativo*, parece resistir a dos formas de negación, que son también dos formas de *duda*. Inútil insistir demasiado.

– *Duda escéptica*:[44]

En primer lugar, no debemos olvidar que, si la duda escéptica es tan *temible*, lo es porque no es el *simple* rechazo de toda afirmación; pone en cuestión a la vez la afirmación y la negación. Es el discurso en sí, como lugar común del sí y del no, cuya posibilidad está afectada por la famosa *epokhé*[45]

43 En el manuscrito hay una marca de adición «↔» seguida de las palabras: «inaugura reino del valor».

44 Aquí, y hasta el final de la sesión, Derrida toma prestado generosamente un pasaje del libro *Les sceptiques grecs,* de Victor Brochard, filósofo francés (1848-1907), quien a su vez tomó en préstamo este resumen del biógrafo griego Diógenes Laercio. Cf. V. Brochard, *Los escépticos griegos*, Buenos Aires, Losada, 2005, pp. 69-70.

45 Derrida escribe «έpoχè» en el manuscrito. En el interlineado, sobre esta palabra, figura «sképsis».

(suspensión del juicio). Todas las cosas son en sí mismas igualmente indiferentes e indiscernibles, y ni nuestras sensaciones ni nuestros juicios nos enseñan lo verdadero o lo falso, dice Pirrón. Por consiguiente, no debemos fiarnos ni de los sentidos ni de la razón, sino mantenernos sin *opinión*, sin inclinarnos ni a un lado ni al otro, con total impasibilidad. Sea lo que sea, no tenemos más derecho a afirmarlo que a negarlo, o bien es preciso afirmarlo y negarlo a la vez, o tal vez no debamos afirmarlo ni negarlo. Siempre se pueden invocar las mismas razones a favor y en contra de toda opinión *(antilogía - isosthéneia)*. De donde varias fórmulas: «Yo no defino nada» *(oudén orízo)*. «Nada es inteligible». «Ni *sí* ni *no*». Pero estas fórmulas siguen siendo *demasiado afirmativas* para el gusto de Pirrón; hay que entender que, al decir que no afirma nada, el escéptico ni siquiera afirma eso. Las palabras «*no más* esto que aquello» no tienen ni un sentido *afirmativo* y que marque la igualdad, como cuando se dice: el pirata *no es más* malvado que el mentiroso; ni un sentido *comparativo*, como cuando se dice «la miel *no es más* dulce que la uva», sino un sentido *negativo*, como cuando decimos: «No hay más Escilas que quimeras». Esta negatividad les pareció a algunos aún demasiado afirmativa, por lo que sustituyeron la fórmula *oudèn mâllon* (ni sí ni no: nada más) por la fórmula *interrogativa* (*tí mâllon*). En todas estas fórmulas, la afirmación —tanto en su forma afirmativa como en la negativa— solo era aparente; se destruía a sí misma, dicen los escépticos, «como el fuego que se desvanece con la madera que ha consumido», «como un purgante que después de despejar el estómago desaparece sin dejar rastro».

Tercera sesión

«Pensar es decir no» (3).

Unos puntos de referencia, como siempre.

Tras la introducción, llegamos a la tercera etapa de la primera parte dedicada al comentario del pensamiento de Alain. Esa tercera etapa debía mostrarnos que la identificación del pensamiento con una *conciencia vigilante* (primera etapa) y la *intransitividad fundamental de la negación* (segunda etapa) presuponían (tercera <etapa>) una *crítica radical de la creencia*, último fundamento de la fórmula de Alain.

Esta *crítica de la creencia* era también una crítica del saber técnico, de la técnica de la verdad, es decir, de la *prueba* en general, de esa prueba que, como dice Braque en una formulación que Alain podría haber suscrito, «*importuna a la verdad*».[1] Si la verdad nunca puede ser objeto de una prueba en la que apoyarse es porque nunca puede ser objeto de una creencia. Es un tema que comentamos ampliamente y que nos había conducido a *tres conclusiones*.

1. *El ultrarradicalismo de una duda* que en Alain se presentaba como más cartesiana que la de Descartes y que despojaba el

1 G. Braque, *El día y la noche*, Barcelona, Acantilado, 2001, p. 48. «Las pruebas importunan a la verdad».

cartesianismo de todo su aparato de certeza, en particular de un Dios veraz y garante de las verdades eternas por él creadas. Alain elimina todo cuanto había de tranquilizador en Descartes.

2. Un *dualismo de la creencia y del pensamiento vivo* y dubitativo que no reconocía el dualismo espíritu-naturaleza, conciencia-cuerpo, libertad-mecanismo, del que habíamos partido y que acababa paradójicamente fundando la necesidad del fallo dogmático en el interior del pensamiento vivo vinculándolo dialécticamente a la necesidad del despertar crítico. Este perdía entonces su privilegio revelador.

3. Por último. Esto nos obligaba a descender a un nivel de profundidad donde *la crítica a la creencia* incluía un *elogio de la fe*, cuyo sentido habíamos anunciado. Se trataba de un *sí* axiológico, de un sí a la norma o al valor o a la voluntad de verdad.

Esto, al abrir el debate en toda su amplitud, nos llevaba a preguntarnos, en una *segunda parte principal*, por el sentido y el valor de ese sí axiológico de la fe. Es decir, al mostrar que «decir *sí* o *no*» no podía ser nunca «natural», ni siquiera en la credulidad, porque suponía una ruptura de la participación primitiva con la naturaleza, empezamos a preguntarnos por qué, si el no abría, como vimos con Alain, el espacio de lo axiológico, el sí, en realidad, fundaba este espacio. El fundamento afirmativo de lo axiológico podía tomar dos aspectos, uno *especulativo* (valor de verdad) y otro *práctico* (el Bien...), y así tomamos la decisión de mostrar que, en su sentido especulativo, este *sí* resistía a dos formas de negación que eran también dos formas de duda. 1) *La duda escéptica* que, como vimos con bastante detalle, no solo rechaza el derecho a la afirmación, sino el derecho a la opinión en general, tanto afirmativa como negativa; que rechaza, por consiguiente, *todo derecho a la palabra* y hace que la actitud interrogativa sea el único refugio de la certeza. *La afasia,* la no palabra, se convertía entonces en el imperativo categórico o más bien en la prohibición categórica, gracias a la cual se conseguía esa *ataraxia* y ese *adiáphoron,* que son las cumbres de la sabiduría.

Pero, como adivináis, es muy fácil mostrar que esta prohibición no puede sostenerse solamente por su negatividad. Para contradecir indefinidamente cualquier opinión, es decir, cualquier juicio porque puede ser falso y caer en las trampas de la apariencia, es preciso que me inspire en una exigencia positiva de verdad y de realidad. Solo refiriéndome a un derecho a la verdad o al derecho de la verdad, puedo condenar el error, la precipitación, la creencia, la apariencia y cualquier no-verdad en general. Sin una especie de adhesión axiológica primitiva a la legitimidad de la verdad, ni siquiera sería posible rechazar la opinión en general, el juicio en general, como infracción de hecho de la verdad. Esa fe primordial se revela en dos formas:

1.[2] Las denuncias de los escépticos; la actitud interrogativa de la afasia se refiere implícitamente a ella y hasta la manifiesta en su pureza.

2. En la medida en que el escepticismo funda una filosofía, se presenta a sí mismo como portador[3] de una verdad, aunque sea una verdad de la verdad imposible. La actitud interrogativa es ante todo una actitud filosófica, una actitud, pues, que recomiendo y que yo en principio tengo la posibilidad de enseñar. Esta posibilidad de la comunicación filosófica revela un plan de posibilidad y un lenguaje más profundo que el que se quiere atacar como prohibido y afásico. La afasia no es sino el modo más exigente de un *logos* fundamental con el que se inaugura toda filosofía, en particular la escéptica.

2 En el manuscrito los números «1» y «2» aparecen circundados en rojo.

3 En el interlineado, encima de la palabra «portador», figura la palabra «heraldo».

Entonces, estas denuncias son muy clásicas, fáciles. Son en particular las que Pascal describe tan bien y con tanta frecuencia, en particular cuando muestra el dogmatismo inherente a toda razón filosófica, aunque sea la escéptica. En el fragmento 375, escribe esta breve frase, de aspecto enigmático y terrible ironía: «El pirroniano Argesilao que se hace dogmático».[4] A esa misma veracidad apela cuando escribe el célebre fragmento 395: «Tenemos una incapacidad de probar, invencible para todo dogmatismo. Tenemos una idea de la verdad, invencible para todo pirronismo».[5]

Por consiguiente, fácil…

El filósofo debe ser consciente de esta profundidad inextirpable de la verdad como derecho y como norma. Y a ese acto de conciencia, debe subordinar su duda y toda negatividad. Esto nos lleva a la segunda duda; a la segunda negación especulativa anunciada: la duda metódica de camino a la verdad. Aquí el esquema es aún más fácil. Se trataría, inspirándose en Descartes, de mostrar:

1. Que la *duda desemboca en* una certeza. Este es el itinerario de las *Meditaciones* que hemos estudiado muy atentamente a propósito del argumento ontológico.

2. Que la duda no solo *desemboca en*, sino que *procede de*, o al menos *presupone*, un cierto número de certezas que no son ideas representativas —afectadas por la duda, sino los axiomas de la luz natural: el axioma de la causalidad, el axioma según el cual la voluntad de engañar es incompatible con la idea de Dios, etc.—. Esta «luz natural», si es el éter del pensamiento, muestra a las claras que el *sí* es más *natural*, es decir, originario, que el *no*, etc.

4 B. Pascal, *Pensamientos,* Madrid, Alianza, 2004, p. 97. En el manuscrito, después de la cita, hay una marca de adición « ↔ ».

5 *Ibid.*, p. p. 99.

Fácil... (más Crítica en las ciencias ≠ <una palabra ilegible>[6] y <una palabra ilegible>[7])

En la sombra de la axiología especulativa y de la verdad, el *sí* es, pues, anterior e irreducible al *no*. Eso es igualmente verdadero dicho en la sombra de la axiología práctica.

Aquí, os propondré el siguiente esquema:

1. Mostrar que *ganamos un grado de profundidad* al pasar de la axiología especulativa a la axiología práctica.[8] Porque querer lo verdadero presupone que lo *verdadero* es el *bien*, que es mejor querer lo verdadero que lo no-verdadero y que, por lo tanto, hay ya una implicación práctica y «moral» en la voluntad de verdad...

2. Que todo *nihilismo práctico es contradictorio* y supone fe en el Bien en general. Esquema análogo al establecido a propósito del escepticismo (≠ simétrico porque hemos visto que estaba supuesto por demostración precedente).

Propondré aquí tres ejemplos (ilustraciones y no exposiciones en sí). Solo os indico el principio del desarrollo que podrían permitir.

1. *Primera idea y primer ejemplo.*

Toda voluntad es voluntad de Bien y, en consecuencia, afirmación del Bien. La idea de que una voluntad puede orientarse hacia otra cosa que no sea ese Bien consiste simplemente en confundir el Bien con una de sus formas, ya sea el placer, la felicidad o, al contrario, la maldad, la muerte, el suicidio. Decir que la voluntad homicida o la voluntad

6 En el manuscrito hay una palabra ilegible que puede ser «tradición».

7 En el manuscrito hay una palabra ilegible que puede ser «geometría».

8 En el interlineado se han añadido unas palabras entre paréntesis: «(evitar lo estático y la simetría)».

suicida no es voluntad de Bien es confundir el Bien con una de sus formas determinadas, con lo que se cree que es una de sus formas en tal o cual sistema de valores determinados, y olvidar que quien mata o se mata ve en la muerte el Bien. Es lo mismo que decir que el mal no es lo contrario o lo simétrico de ese Bien general y formal que es la marca de todo lo que se quiere. La negación de tal o cual bien, que es la voluntad aparente de Mal, es segunda y fundada en una voluntad de Bien. En la afirmación *satánica:* «quiero el mal» o «rechazo el bien»[9] subyace necesariamente la afirmación metafísica: quiero el bien o me parece bien querer el mal y rechazar el bien. En otras palabras, el Bien absoluto e ineludible no es puesto sintéticamente y *a posteriori* de manera contingente por tal o cual voluntad: forma analíticamente parte del concepto de la voluntad y del acto en general. Todo acto de voluntad es acto de voluntad hacia el Bien. No puedo querer el Mal en general.

Por eso Sócrates decía que «nadie quiere el mal a sabiendas». Por eso (primer ejemplo) cuando, en el *Gorgias*, Calicles, en la línea del nihilismo especulativo de los sofistas, acaba —ese antepasado de Nietzsche— demostrando a Sócrates que se puede e incluso se *debe* querer algo más que el Bien y la justicia, que se puede y hasta se debe querer el poder o el placer egoísta, Sócrates no tiene ningún problema en demostrarle que esta supuesta *voluntad de poder* distinta del Bien no es más que una *impotencia de la voluntad en determinar su objeto verdadero*, que es el Bien. Porque, reflexionando, uno se apercibe pronto de que la voluntad de poder es también voluntad de Bien. El Bien es siempre la palabra final de la voluntad; es la verdad de la voluntad.

9 En el interlineado se han añadido tres palabras: «no al bien».

Siempre y cuando no se confunda con tal o cual bien determinado que, este sí, puede no ser querido.

Esta es nuestra segunda idea y nuestro segundo ejemplo. Si a veces se llega a creer que existe una voluntad negativa primordial y una voluntad de Mal, es a causa de una *finitud* que nos impide querer y pensar el Bien absoluto y que nos hace confundir el Bien «en general» con tal o cual bien determinado. Es por esa finitud porque cree que el relativismo del bien es el fin de los fines y que, como dice Montaigne, «unos dicen que nuestro bien reside en la virtud; otros, en el placer; otros, en el acuerdo con la naturaleza; este, que en la ciencia; etc.».[10] Creemos rechazar el bien y querer el mal porque no pensamos, a causa de una limitación, que el mal-querer no es más que una determinación y no una contradicción de un querer-el-bien, de una bene-volencia fundamental.

Por eso Malebranche[11] —que en este aspecto es también un Platón cristiano porque es también heredero de ese otro platónico, que es san Agustín—, por eso Malebranche, decía, se obstinó en recordarnos que solo podemos querer el Bien en general, es decir, el Bien absoluto, esto es, Dios; y que, en consecuencia, toda voluntad, cualquiera que sea su objeto determinado y accidental, aun teniendo apariencia de mal, procedía de hecho de una voluntad de Bien, y por lo tanto de una voluntad de Dios, y por consiguiente de un amor de Dios. Y si nos apegamos a bienes particulares, esos que precisamente llamamos males, como la pasión del borrachín y el amor al vino, por ejemplo, es porque nuestro entendimiento finito es incapaz de determinar el verdadero objeto de la

10 M. de Montaigne, «Apología de Raimundo de Sabunde», en *Ensayos completos,* Madrid, Cátedra, 2003, p. 577. Derrida acorta la cita de Montaigne y añade «la» en «al consentir a la naturaleza».

11 En el interlineado un añadido indica aquí «segundo ejemplo».

voluntad infinita, es decir Dios. A través de la botella de vino, es a Dios a quien adora el bebedor, pero no puede saberlo. Porque cuando creo rechazar a Dios, es a Dios a quien todavía afirmo... La voluntad es siempre, necesariamente, voluntad de un bien indeterminado y en general. Observemos de paso que, como no podemos, nosotros seres finitos, estar dotados de esa voluntad infinita, es Dios quien a través nuestro se quiere y se ama con un amor puro.[12] Fácil.

Por eso, la afirmación del valor parece ser la forma de un sí fundamental respecto del cual toda negación parece segunda, derivada y dependiente. *Esto nos conduce a la tercera idea y al tercer ejemplo.*

Esta afirmación del valor parece aún más radical que la afirmación y la posición del ser. Para poner el ser, ¿no es necesario quererlo, querer ponerlo y pensarlo? ¿No es necesario, ya que es mejor ser que no ser? ¿No es la afirmación del valor lo que queda cuando el nihilismo llega al final de sí mismo, cuando lo ha negado todo, incluida la existencia de Dios?

Esto es lo que permite a Lagneau[13] en su famoso *Cours sur Dieu* (Lagneau, el maestro directo de Alain) decir que era necesario pasar por una prueba de la inexistencia de Dios para comprender qué era Dios,[14] comprender que Dios *no era,* sino que se hacía presente bajo la forma de valor absoluto; que sin ese Dios, valor absoluto, habría que dejar de pensar, de querer y volverse hacia la nada y el caos.[15]

12 En el interlineado se ha añadido: «El no = reducido al nivel de lo infinito».

13 En el interlineado, encima de «Lagneau», un añadido dice «tercer ejemplo».

14 En el margen Derrida cita a Lagneau: «(El ateísmo es la sal que impide que la creencia en Dios se corrompa)». *Célèbres leçons et fragments,* París, PUF, 1950, p. 231.

15 En el manuscrito hay una marca de adición «↔» seguida, entre paréntesis, de: «(Volveremos a ello)».

Bien, tras haber llegado de ese modo a lo más profundo del *sí*, tras haberlo purificado de todo lo que no era, y mostrado que era la última base del pensamiento, del discurso y del querer así como la primera palabra de la filosofía, nos queda, en una tercera y última parte principal, plantearnos la siguiente doble pregunta: si el *sí* es primero e irreducible, ¿cuál es el sentido y el origen del no? ¿Por qué existe la negación y por qué el «pensar es decir no» de Alain no es contradictorio con ese *sí* de las profundidades? Y, en segundo lugar, *segunda pregunta* a la que —como veréis— nos veremos obligados a responder siguiendo la misma dirección, ¿la afirmación axiológica, el sí al valor absoluto, es *anterior* y *primaria* como piensa Lagneau, o pende de una afirmación ontológica más radical? Y si es así, ¿cuál es esa afirmación ontológica radical?

———

La cuestión del origen de la negación es, en muchos aspectos, una cuestión moderna. Por supuesto, negación y negatividad en general, no debemos ignorarlo, son problemas que ya se planteaba Platón, en quien lo negativo aparece en las dos formas del *ápeiron* (indefinido-indeterminado) y de la exclusión de las determinaciones, de la alteridad de las ideas. Es el problema de la alteridad y del no-ser en el *Sofista* (por tanto, indeterminabilidad y exclusión). Sin duda, también la negatividad ha sido tomada en consideración por los racionalistas clásicos. En todo caso, la negatividad se piensa siempre como ausencia y privación, como defecto de lo que no es, es decir, de lo que es. Solo a partir de Kant, quien, especialmente en su *Ensayo para introducir en la filosofía el concepto de magnitudes negativas* (1763), muestra que la negación solo es sustracción, ausencia, carencia, etc., en un sentido lógico o discursivo, pero que, en cuanto pasamos de lo lógico a lo real, constatamos que existen conflictos de fuerza, por lo tanto de «magnitudes negativas», que no son solo la sombra por defecto de una magnitud positiva, sino otra magnitud con igual realidad. (Notad que el genial Bossuet ya lo había tenido en cuenta: infeliz ≠ no feliz, injusto ≠ no justo).

Luego, el hecho de que Hegel se tomara en serio la fuerza de lo negativo completó el movimiento que nos hacía abandonar una tradición[16] para la cual la negación era *profundamente* lo imposible o lo impensable, o en todo caso aquello que, como tal, no tenía asidero en el ser...

En el contexto de esta renovación, la cuestión del origen y el sentido de la negación se volvió a plantear con agudeza a finales del siglo pasado, sin perder así nunca nada de su urgencia.

Esta cuestión puede plantearse y se planteó efectivamente primero en su forma lógica. ¿Cómo es posible un juicio negativo? ¿Qué hago cuando digo que X no es Y, cuando digo «el cielo no <es> azul»?[17]

La primera tentación es evidentemente pensar que un juicio así no presenta ninguna originalidad y que se trata de una simple afirmación; la afirmación de una discordancia entre el sujeto y el atributo. Pongo el cielo, pongo el azul y pongo la discordancia, la incompatibilidad del azul con el cielo. Desde el punto de vista lógico, parece correcto decir que lo negativo no tiene originalidad (por lo demás, Kant lo había afirmado) = modalización de una afirmación fundamental.

16 En el manuscrito «de una tradición» remplaza a «de la lógica de lo inútil y de la ontología clásica», frase tachada.

17 Después de este parágrafo hay un añadido: «Algunos elementos históricos → desarrollo del dosier».

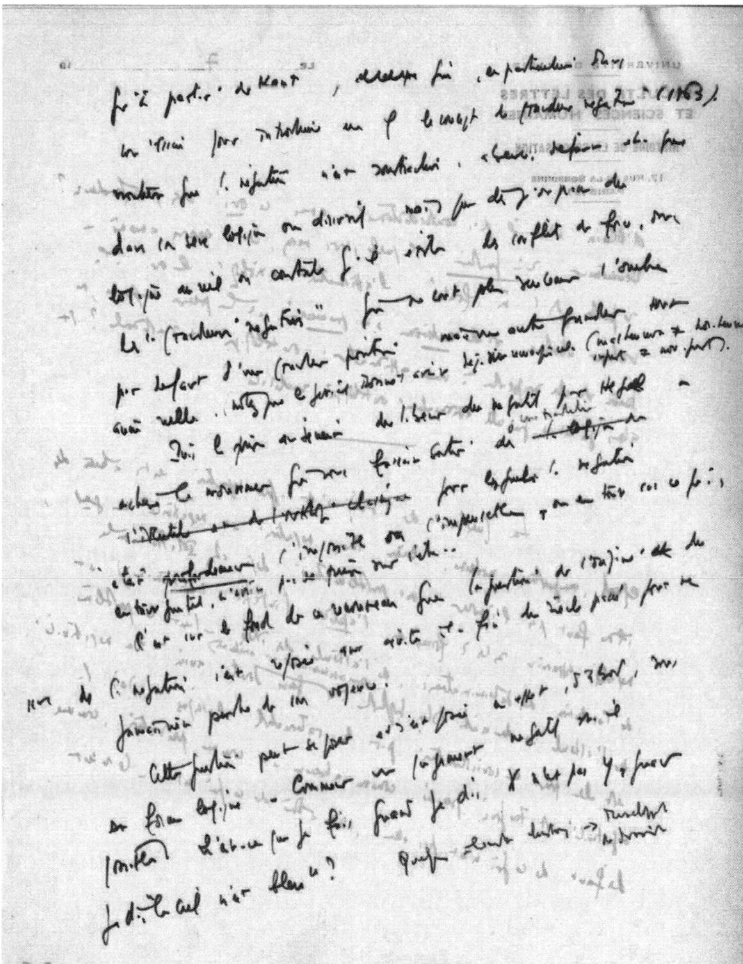

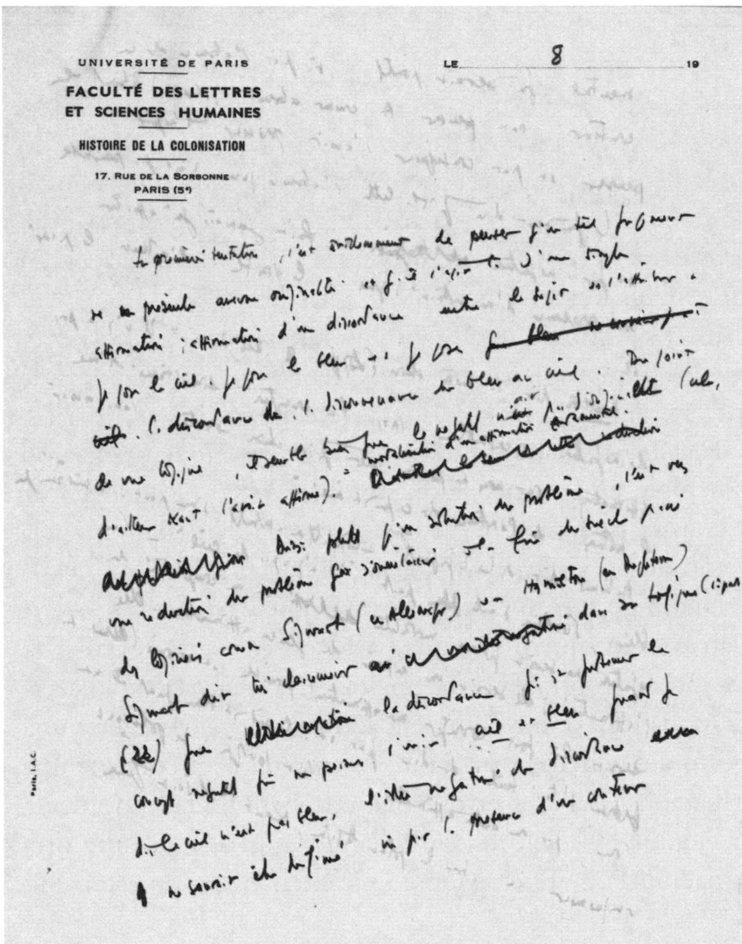
UNIVERSITÉ DE PARIS

FACULTÉ DES LETTRES
ET SCIENCES HUMAINES

HISTOIRE DE LA COLONISATION

17, RUE DE LA SORBONNE
PARIS (5e)

LE 8 19

[51]

Así, más que hacia una solución del problema, a una reducción del problema se encaminaron a finales del siglo pasado lógicos como Sigwart (en Alemania) y Hamilton (en Inglaterra). Sigwart dice con toda claridad en su *Lógica* (Primera parte, § 22) que la discordancia, que es precisamente el concepto negativo que nos permite unir *cielo* y *azul* cuando digo que el cielo no es azul, es decir, la idea negativa de discordancia no puede definirse ni por la presencia de un contenido mental que sería positivo ni por la ausencia de este contenido, porque pensar A como ausente supone primero pensarlo y en consecuencia tenerlo presente en el espíritu.

Esto significa que, literalmente, la ausencia pura no es pensable y que la negación afecta siempre a una presencia de un cierto signo: lo posible, lo ausente, lo pasado, etc.

Hamilton dice lo mismo (*Lógica* III, 216): «No hay negación concebible sin la concepción simultánea de una afirmación: porque no podemos negar que una cosa existe sin tener la noción de la existencia de lo que es negado».[18]

Dicho de otro modo, en los dos juicios negativos —copulativo o atributivo por una parte: «el cielo no es azul», de existencia por otra, «no hay cielo»—, la negación solo sería una modalidad o una complejidad de la afirmación; sería una especie del género afirmación. Estaría ahí para corregir una afirmación posible y errónea (si estuviera tentado de decir, por ejemplo: el cielo es azul cuando es gris) mediante otra afirmación. Por eso, situándose únicamente aquí, en el terreno

18 W. Hamilton, *Lectures on Metaphysics and Logic*, vol. 3, 1860, p. 216: «*Hence it also follows, that there is no negation conceivable without the concomitant conception of an affirmation, for we cannot deny a thing to exist, without having a notion of the existence which is denied*» (De ahí también se deduce que no hay negación concebible sin la concepción concomitante de una afirmación, pues no podemos negar que una cosa exista sin tener una noción de la existencia que es negada).

lógico, Kant decía que: «Desde el punto de vista del contenido de nuestro conocimiento en general [...] las proposiciones negativas tienen como función propia simplemente prevenir el error».[19]

Esta explicación concierne a la *forma del juicio negativo* y a sus *clasificaciones dentro del género de los juicios*, pero aunque fuera satisfactoria y su orientación fuera correcta tampoco nos diría nada sobre *el origen de la negación*. ¿Cómo y por qué acabamos complicando y modalizando la afirmación primordial, principal?[20]

Este es el *problema del origen* que, en un texto célebre de la *Revue philosophique* de 1906, recuperado en *La evolución creadora* (1907), Bergson pretende resolver con un intento a la vez clásico y revolucionario. Clásico porque parte de la unidad y de la plenitud del ser. Revolucionario en la medida en que demuestra que solo la identificación del ser con la *durée* permite ese acceso a la plenitud del ser y, por consiguiente, la solución del problema de la negación.

Intentemos *repetir* este esquema bergsoniano que además es fundamentalmente el mismo que Bergson aplica a la idea de desorden y a la de posible.

Para prestar originalidad y seriedad ineludible a la negación, es preciso que de alguna manera esta encuentre su origen en una nada, en algo por lo tanto que, si no es un ser, sea al menos una presencia, una positividad de la nada.[21]

19 Aquí, Derrida parece citar a Henri Bergson, quien a su vez cita a Kant en *L'évolution créatrice*, París, Félix Alcan, 1907, nota 3, p. 312: «Kant, *Crítica de la razón pura*, 2ª edición, p. 737: "Desde el punto de vista del contenido de nuestro conocimiento en general... la función propia de los juicios negativos no consiste más que en impedir el error". Cf. Sigwart, *Logik*, 2ª edición, vol. I, p. 150s». En el manuscrito, después de la cita, hay tres palabras entre paréntesis tachadas: «(citado por Sigwart)».

20 En el interlineado se añade entre paréntesis: «por qué discordancia, error?».

21 En el manuscrito hay una marca de adición «↔».

Ahora bien, la nada, nos dice Bergson, es una *ilusión* hecha a partir de la acción. Toda acción lo es[22] en busca de alguna cosa, de un objeto del que carece, y tiende a crear algo que no existe. Por consiguiente, presupone una especie de irrealidad parcial, pero esta irrealidad parcial no es más que la ausencia de una presencia buscada.[23] Al sustancializar esta ausencia, esa irrealidad parcial, y al generalizar el concepto, fabrico la ilusión de la nada.

De esa idea de la nada importa, por lo tanto, desprenderse porque ha sido el motor oculto de toda la metafísica clásica. Es una especie de *mito del homo faber* que habría llevado por mal camino a toda la filosofía prebergsoniana. Porque cuando nos planteamos la pregunta *¿desde dónde negar que existe algo? ¿Por qué existe algo más bien que nada?*; pregunta que empieza con un *«quién soy yo»* y *de dónde saco yo mi esencia y mi existencia*; tales preguntas presuponen la *nada*. A partir de esta *presuposición*, la existencia aparece como una conquista sobre la nada. El ser sobreviene a la nada, le adviene después y por añadidura. La nada es, dice Bergson, en una serie de imágenes, el *receptáculo*, la *alfombra*, el *sustrato* del ser. Y aunque se admita que *de hecho* el vacío no *preexiste* a lo lleno, que en el vaso de agua el vacío del vaso *continente* es contemporáneo de lo lleno del agua *contenida*, entendemos no obstante que, *de derecho y en términos jurídicos,* el vacío precede a lo lleno: es necesario que el vaso de agua esté primero de derecho vacío antes de que podamos llenarlo.

Por lo que dice Bergson con otra imagen (siempre muy elocuente aunque si <dos palabras ilegibles>[24] no la men-

22 En el interlineado hay un añadido: «presuposición».

23 En el manuscrito hay una marca de adición «↔».

24 En el manuscrito hay dos palabras ilegibles que son quizá «su planteamiento».

ciona[25]): «En fin no puedo deshacerme de la idea de que lo lleno es un bordado sobre la tela de lo vacío, que el ser está superpuesto a la nada, y que en la representación de "nada" hay *menos* que en la de "algo"».[26] Todo el *misterio* viene de ahí.

Pues bien, ese *misterio* es una *mistificación* y la idea de nada es una *pseudo-idea* que hay que exorcizar.

¿Qué hacemos cuando pretendemos *representarnos la nada*?

Podemos 1. imaginarla;
2. concebirla.

Cuando con la *imaginación* (en el sentido de Bergson <palabra ilegible>[27]) aniquilo un objeto exterior o la totalidad de los objetos exteriores posibles (cerrando los ojos...), no percibo más que objetos interiores, y cuando a la inversa aniquilo toda imagen interna no percibo más que objetos exteriores.

«La ausencia de una consiste, en el fondo [dice Bergson], en la presencia de la otra. Pero [añade Bergson, y aquí está el engaño y el mecanismo de la ilusión] del hecho de que dos nadas relativas son imaginables *alternativamente*, se concluye de modo erróneo que son imaginables *juntas*: conclusión cuya absurdidad debería saltar a la vista, pues no se puede imaginar una nada sin apercibirse, al menos confusamente, de que uno se la imagina, es decir, que se actúa, que se piensa y que algo, por consiguiente, subsiste todavía».[28]

25 En el manuscrito «no lo menciona» sustituye a «no explicado», que está tachado.

26 H. Bergson, *L'évolution créatrice, op. cit.*, p. 299. Cursiva en el original y subrayado por Derrida. El original termina con la frase «De ahí todo el misterio», que Derrida parafrasea.

27 En el manuscrito hay una palabra ilegible, quizá es «pues».

28 H. Bergson, *L'évolution créatrice, op. cit.*, p. 302. Derrida subraya, añade y omite una palabra de la primera frase de la cita: «... en la presencia <exclusiva> de la otra».

Imaginación de la nada: Reducción, pues, de la *sucesión alternativa a simultaneidad.*

Pero si no puedo *imaginar* la nada, ¿no puedo concebirla (cf. el quiliágono de Descartes)? Siempre podemos pensar la abolición de un objeto y, si extiendo esta operación intelectual al infinito, la nada será el *concepto límite* de esta operación. Pero es precisamente este paso al límite lo que Bergson considera contradictorio y absurdo, intelectualmente. La idea de abolición y de destrucción solo puede tener como correlato una parte del todo y no el todo en sí. La idea de una abolición del Todo presenta las mismas características que la de un círculo cuadrado: no es más que una idea, una *palabra*. El todo no puede ser abolido, pero en él toda abolición parcial es posible. El vacío absoluto, por lo tanto, no existe. El vacío es siempre el lugar determinado de una ausencia parcial, pero el objeto ausente siempre es remplazado por otro objeto presente. En el fondo, nunca hay en el ser destrucción o *abolición*, pero sí *sustitución*. Por lo tanto, solo hay ausencia para un ser capaz de *recordar* —recordar el objeto remplazado por otro y que parece ausente o capaz de *expectativa,* de *deseo,* de *preferencia* y, por lo tanto, de *decepción*—. Lo lleno, por consiguiente, sucede siempre a lo lleno y, sin añoranza ni deseo, no hay ausencia. «La representación del vacío es siempre una representación plena, que se descompone en el análisis en dos elementos positivos; la idea, distinta o confusa, de una sustitución, y el sentimiento, experimentado o imaginado, de un deseo o de una añoranza».[29]

Por lo que, paradójicamente, la nada no es menos que el todo, el vacío no es menos que lo lleno, el objeto *negado* no es menos

29 H. Bergson, *L'évolution créatrice, op. cit.*, p. 307.

que la idea del objeto *puesto* o *afirmado*, pues, dice Bergson: «La idea del objeto "no existente" es necesariamente la idea del objeto "*existente*", sumada a la representación de una exclusión de ese objeto por la realidad actual tomada en bloque».[30]

Bergson se enfrenta aquí a la siguiente objeción, que va a permitirle precisar la descripción de la génesis de este juicio negativo.

Esta es la objeción: en la realidad solo puedo en efecto sustituir una cosa por otra, pues la nada *real* es indudablemente un sinsentido, pero ¿no puedo abolir *idealmente* la cosa y pensar su nada a partir de un juicio *negativo,* negando el azul del cielo o la existencia de tal objeto?

En opinión de Bergson, esa hipótesis es la fuente de todos los errores porque supone que el *no* es simétrico al *sí* en el terreno de lo posible, por lo tanto que la Nada es simétrica al Todo. Pero la Nada no es nada. Ya hemos visto por qué esa simetría era imposible. He aquí una razón suplementaria.

La afirmación, dice Bergson, es un acto intelectual *completo*, mientras que la negación es solo una afirmación mutilada, no es sino la mitad del acto intelectual que consiste en descartar una afirmación posible sin sustituirla por otra.

Así, cuando digo «esta mesa es negra», percibo lo que afirmo y afirmo lo que percibo. Mi juicio se funda directamente en una percepción.

Cuando, por el contrario, digo «esta mesa no es blanca», no percibo lo no- blanco, no percibo la ausencia de lo blanco, sino que percibo todavía el negro, o el rojo o el amarillo.

30 *Ibid.,* p. 310. Derrida subraya.

Por eso es un acto incompleto: descarto una afirmación (la mesa es blanca) sin completar y sin decir lo que debería sustituir al juicio falso o posible...[31]

En el juicio negativo, por lo tanto, no es la mesa en sí misma lo que estoy juzgando al decir «la mesa no es blanca». Hago un juicio sobre otro juicio[32] que declarara que la mesa es blanca. Juzgo un juicio y no la mesa. Lo cual permite a Bergson decir que: «La negación difiere [...] de la afirmación [...] en que es una afirmación de *segundo grado:* afirma algo de una afirmación que, por su parte, afirma algo de un objeto».[33]

Afirmar algo de una afirmación es responder al menos por anticipación a una afirmación que se quiere corregir, revertir o rechazar. Por eso la negación supone que se ha establecido un diálogo entre otro y yo, entre yo y yo. Bergson no fue el primero en señalar la complicidad permanente entre la negatividad y la dialéctica cuando dice que la negación tiene una función pedagógica y que supone un «*comienzo de sociedad*»:[34] está ahí para enseñar, para denunciar la falta, para poner en guardia y, si en esencia es *dialéctica*, remite más a la dialéctica *de maestro y discípulo* que a la de *amo y esclavo*.

Pero la sana función pedagógica segrega ilusión cuando al formalismo lógico se le da una importancia excesiva, cuando el juicio negativo se sitúa en simetría con el juicio afirmativo, cuando las palabras del lenguaje convencional se toman por cosas y cuando la negatividad lógica y discursiva se sustancializa y se toma por una nada real, un ser posible del no-ser.

La negación es, pues, el producto del lenguaje, de la inteligencia, de la acción, de la sociedad, y, dice Bergson, p. 316:

31 En el manuscrito hay aquí una marca de adición « ↔».

32 Aquí, en el interlineado, hay un añadido que puede ser «posible (virtual)».

33 H. Bergson, *L'évolution créatrice, op. cit.*, p. 313.

34 *Ibid.*, p. 312. Derrida subraya.

«Supongamos que todo esto se suprime [...] se elimina "toda veleidad de negar».[35] Lo cual es demasiado evidente, desde el inicio. Para no ver en esta tesis bergsoniana el más trivial e irrisorio de los truismos, no hay que olvidar que no se suprime todo, y en particular no lo esencial del espíritu, sino muy al contrario, cuando se suprime o supera el lenguaje, la inteligencia, la acción. Toda esta crítica, por el contrario, tiene como finalidad restablecer en sus derechos la intuición metadiscursiva y el ser de la duración en su plenitud.

En efecto, tras ser remitido por la pseudoidea de la nada a su origen en la negación lógico-discursiva, Bergson vuelve a la nada para mostrar que la pregunta «¿por qué existe algo?» no tiene sentido. Pero era esta cuestión, esa pseudopregunta nacida de una pseudoidea, lo que parecía obstaculizar una filosofía de la duración, porque suponía un ser estático que habría surgido de un solo golpe por una especie de revolución sobre sí mismo de una nada que lo habría precedido.

«Este largo análisis [escribe Bergson (p. 322/323)] era necesario para mostrar que una realidad que se basta a sí misma no es necesariamente una realidad extraña a la duración. Si pasamos (consciente o inconscientemente) por la idea de la nada para llegar a la de Ser, el Ser al que se desemboca es una esencia lógica o matemática, por lo tanto intemporal. Y se im-

35 *Ibid.*, p. 316. Derrida parafrasea la cita original: «Supongan abolido el lenguaje, disuelta la sociedad, atrofiada en el hombre toda iniciativa intelectual, toda facultad de desdoblarse, de juzgarse él mismo: la humedad del suelo no subsistirá menos por ello, capaz de inscribirse automáticamente en la sensación y de enviar una vaga representación a la inteligencia atontada. Entonces también la inteligencia afirmará en términos implícitos Y, por consiguiente, ni los conceptos distintos, ni las palabras, ni el deseo de difundir la verdad alrededor suyo, ni el de mejorarse a sí mismo, pertenecían a la esencia misma de la percepción. Pero esta inteligencia pasiva, que se ajusta maquinalmente al paso de la experiencia, que no se adelanta ni se retrasa con relación al curso de lo real, no tendría ninguna veleidad de negar».

pone desde entonces una concepción estática de lo real: todo parece dado de una sola vez, en la eternidad. Pero es preciso habituarse a pensar el Ser directamente, sin hacer un rodeo, sin dirigirse en primer lugar al fantasma de nada que se interponga entre él y nosotros. Es preciso tratar aquí de ver por ver, y ya no de ver para actuar. Entonces lo Absoluto se revela muy cerca de nosotros y, en cierta medida en nosotros. Es de esencia psicológica, y no matemática o lógica. Vive con nosotros. Y como nosotros *dura*, aunque en ciertos aspectos de un modo infinitamente más concentrado y recogido sobre sí mismo».[36]

El movimiento del pensamiento bergsoniano significa, en su fuerza y hondura, que no hay que apresurarse a ignorar que la negatividad no tiene lugar en una filosofía de la intuición y de la inmediatez, que es siempre una filosofía de la plenitud.[37] Es siempre por el discurso como la nada llega a ser y el Absoluto se separa de sí mismo. El no-ser y el discurso son interdependientes y el Absoluto, visto desde el punto de vista del ser, solo tiene de derecho el silencio como elemento. Como dice H. Birault en un bellísimo artículo sobre «Heidegger y el pensamiento de la finitud» (R.I.Ph.), un artículo difícil y sutil, pero de una gran riqueza, «hablar es siempre hablar contra Dios» y «el discurso es el verdadero comienzo del ateísmo».[38]

No se trata aquí de «criticar» a Bergson. Y, además, *criticar* a un filósofo es un gesto lamentable que no tiene sentido y que se mueve necesariamente en el espacio de la poca inteligencia. Lo que podemos hacer aquí es volver a hablar del bergsonismo haciéndonos, a partir de él, tres preguntas.

36 H. Bergson, *L'évolution créatrice, op. cit.*, p. 323. Derrida subraya.

37 En el interlineado se añade una frase que podría ser: «Es decir, afirmación del ser, en toda filosofía, y en particular en la del valor».

38 H. Birault, «Heidegger et la pensée de la finitude», *Revue internationale de philosophie*, vol. 14, 52(2), 1960, p. 140.

1. ¿Podemos decir que, en el plano del juicio y del lenguaje descriptivo, la disimetría entre la afirmación y la negación es la última palabra y que la simetría se rompe necesariamente a favor de la afirmación, que sería primaria y más profunda?

2. ¿Es el discurso, en el sentido más profundo del término, necesariamente la degradación, lo accidental de un pensamiento orientado a la acción, significación peyorativa que repercute en el sentido de la negación?

3. ¿Se puede determinar, en torno a esta crítica de la negación, la esencia del Ser absoluto como *psicológica*? «Entonces lo Absoluto se manifiesta muy cerca de nosotros y, en cierta medida en nosotros. Es de esencia psicológica...».[39]

Al responder a estas tres preguntas, concluiremos próximamente apelando a:

1 – Lachelier, que critica la supuesta disimetría lógica de la que habla Bergson.

2 – Husserl, que describe, sin llegar al origen psicológico y en el marco del juicio predicativo, un origen trascendental de la negación, plantea un esquema que se parece en parte al de Bergson pero que ≠ <una palabra ilegible>[40] ≠ psicológico.

3 – Sartre, que ve en la negación un prejuicio extremo y vincula la negatividad a la estructura del para-sí.

4 – Heidegger, finalmente, para quien[41] el pensamiento del ser supone la nihilización, en la angustia, por ejemplo, de la totalidad de los entes.

39 H. Bergson, *L'évolution créatrice, op. cit.*, p. 323.

40 En el manuscrito hay una palabra ilegible, que puede ser «predicativo».

41 En el manuscrito aparecen estas palabras tachadas: «el origen de la negación no puede encontrarse en ningún ente, cualquiera que sea, conciencia, para sí».

Cuarta sesión

«Pensar es decir no» (4).

Habíamos llegado, por lo tanto, a la *tercera y última* parte principal de nuestra disertación en el punto en que la definición del *sí* axiológico fundamental de la fe nos había impulsado a preguntarnos por el origen y el sentido de la negación. Si el *sí* axiológico de la *Fe*, tal como lo habíamos definido con Alain, resiste bien, como vimos, 1) a la duda escéptica y a la duda metódica en el orden de la axiología especulativa, 2) y más profundamente aún al nihilismo práctico en el orden de la axiología moral, como vimos también en tres etapas, con Platón, Malebranche y Lagneau; si este *sí*, pues, era tan irreductiblemente primordial, ¿cómo acababa complicándose con la negación? Y en cuanto al sí axiológico, ¿no dependía este, pese a todo, de un *sí* ontológico?

Comprometernos con esas cuestiones nos llevó a definir la posición de lógicos como Sigwart y Hamilton que, sin plantearse la cuestión del origen, ven en la negación, en el plano del juicio constituido, una simple especie del género afirmación.

La *cuestión del origen* se planteaba realmente con Bergson, cuya descripción analizamos ampliamente. Al término del análisis, proponíamos una serie de preguntas que hoy retomamos para concluir.

1:[1] En primer lugar, ¿podemos atenernos a la demostración bergsoniana referente a la *disimetría* entre juicios afirmativos y negativos? Según Bergson, como recordáis, el juicio negativo es un juicio *incompleto, secundario* y *dialéctico*:

- *incompleto* porque dice lo que una cosa no es sin decir lo que es;
- *secundario* porque se refiere a un juicio afirmativo que descarta y no a un objeto al que califica;[2]
- *dialéctico* porque tiene una función pedagógica y social de denuncia o advertencia ante el error del otro, a quien así se le señala la incorrección.

Ahora bien, tenemos derecho a preguntarnos si, en lo concerniente al *juicio,* esto es, la actitud predicativa, la actitud de quien dice «esto es eso», o «esto no es eso», no podríamos descubrir, en el caso del juicio afirmativo, iguales caracteres de *incompletud*, *secundariedad* y *dialecticidad* recuperando así la simetría.

Es lo que piensan en particular filósofos como Lachelier y Goblot. Cuando digo «la mesa es blanca», siento la necesidad no solo de percibirlo ingenuamente y para mí, sino de decirlo, de enunciar un juicio. Y es así porque experimento implícitamente la posibilidad de un juicio negativo simétrico. Si digo «la mesa es blanca», no es solo porque lo veo así, sino porque *alguien* podría decir lo contrario. Ese «alguien» puede ser cualquiera, un sujeto en general, el discípulo del que hablábamos la semana pasada, o yo mismo un instante antes o un instante después...

1 En el manuscrito esta numeración no tendrá continuación.

2 En el manuscrito hay un añadido aquí que es: «juicio → juicio/ una vez más→ <una palabra ilegible>».

El *juicio* afirmativo, en la medida en que es lenguaje, se encuentra, desde su primera y más espontánea enunciación,[3] en situación de diálogo. Es, como todo juicio, una *proposición*, algo que se propone, que avanzamos, que se adelanta al encuentro con otro que podrá evaluar; es decir, con otro del que supongo al menos que puede decir o quiere decir lo contrario. Un juicio afirmativo es siempre una *tesis* y no sentiría yo la necesidad de enunciar, de formular una tesis si no lo hiciera contra su contrario, contra su posible comprobación, contra una *antítesis* que cancelo precisamente en el juicio afirmativo. Podéis ver, así, cómo la referencia al juicio negativo persigue también al juicio afirmativo y deja siempre en suspenso su tesis pendiente de la hipótesis de una comprobación. De modo que podemos decir del juicio afirmativo lo que Bergson decía del juicio negativo: es tanto un juicio sobre un juicio posible como un juicio sobre un objeto. Es, pues, tan secundario y dialéctico como el juicio negativo. En el fondo, las características definidas por Bergson son las de la actitud judicativa en general y las del lenguaje objetivo en general.

El principio de este giro se encuentra, como decía hace un instante, en Lachelier. Este autor va más lejos y persigue la crítica a la idea misma de la nada que formaba parte de la descripción bergsoniana del juicio negativo.

En efecto, de dos cosas una, dice[4] en una observación muy breve del diccionario Lalande,[5] que explicitaré aquí, de

3 En el manuscrito el término «espontánea» se ha rodeado con un círculo y parece queda situado mediante una flecha tras la palabra «enunciación». Se ha mantenido aquí el orden original para una mejor comprensión de la frase.

4 A. Lalande, *Vocabulaire technique et critique de la philosophie*, París, PUF, 1950 (trad. cast., *Vocabulario técnico y crítico de la filosofía*, Buenos Aires, El Ateneo, 1967). El pasaje de Jules Lachelier citado aquí por Derrida aparece en el artículo «Nada» del diccionario.

5 Derrida pone luego las palabras «diccionario Lalande» entre paréntesis.

dos cosas una: o el espíritu y el pensamiento son algo o no son nada. Si no son nada, entendemos la causa, la negación de un existente o de la totalidad de lo existente es solo un sueño, una especie de fantasma «heroico» por el que intentaría otorgarme una semi-divinidad[6] decretando, de forma ilusoria y ridícula, por la imagen o el concepto vacío, una existencia que no me necesita para nada.[7] Se trataría de una especie de alucinación *a la inversa* con la que creería poder privarme de lo real, mientras que la simple alucinación consiste en darme lo imaginario.

Pero si el espíritu y el pensamiento son algo (y Bergson lo negaría menos que nadie), hay que tomarlos en serio cuando rechazan o se abstienen de poner la existencia. Les va en ello su libertad filosófica, y el ser del espíritu es la libertad.

He aquí lo que escribe Lachelier: «Si el espíritu y el pensamiento son algo y si *existir* es ser puesto por el espíritu, este puede, con igual libertad, poner cualquier ser o negarse a poner lo que sea (o por lo menos concebirse, por abstracción, como no poniendo nada, concebir su propia libertad al margen de todo ejercicio actual de esta libertad). La observación de Bergson es singularmente profunda y perfectamente correcta, desde el punto de vista de su realismo; pero se revuelve contra este mismo realismo. La idea de la nada implica y verifica la de la "libertad" (en el sentido que doy yo a la palabra, no en el suyo)».[8]

Volvamos a ese texto.

Si el espíritu y el pensamiento son algo y si…

6 En el interlineado, encima de «semi-», se ha añadido el término «pseudo».

7 En el margen del manuscrito hay un añadido que quizá es: «El ser no se conmueve por nuestra negación».

8 A. Lalande, *Vocabulaire technique et critique de la philosophie, op. cit.*

1—[9] *Existir es ser puesto por el espíritu.* Decir que existir es ser puesto por el espíritu —tesis espiritualista, precisa decirlo— no quiere decir, lo cual sería muy ingenuo, que la existencia depende *en su realidad, en su materialidad*, en su existencialidad, de una decisión creativa del espíritu. Existir es ser puesto por el espíritu quiere decir que la existencia no puede ser reconocida en su sentido de existencia, ser puesta *como* existente, como tal, existe «como tal», más que por un acto del espíritu. Esta mesa existe efectivamente sola, sin que ningún acto del espíritu la ponga en su ser, y esto es justamente lo que significa existir. Pero solo puede tener el sentido de existente, *decir de* ella que existe, por un acto del espíritu, sin el cual su existencia no se manifestaría jamás y no fundaría ningún *logos* y ninguna filosofía. Ahora bien, para que el espíritu sea, como acabamos de ver, *responsable*, este acto debe ser libre. Si es libre, es que puede poner o no poner la existencia en algo a modo de una *epokhé* (tanto en el sentido escéptico como en el fenomenológico de la palabra). Esta *epokhé* manifiesta la más alta posibilidad, es decir, la más elevada libertad del espíritu.

Por eso Lachelier escribía «si existir es ser puesto por el espíritu, este puede, con *igual*[10] *libertad*, poner cualquier ser, o negarse a poner lo que sea (o por lo menos concebirse por abstracción como no poniendo nada, concebir su propia libertad al margen de todo ejercicio actual de esta libertad)».[11] Al final, la imaginación por la que retiro a algo su significado de presencia o de existencia —lo hemos visto con Sartre—, la imaginación por la que puedo, al límite, suspender la tesis de la existencia referida a la totalidad del mundo, esa imaginación, esa fantasía, es lo verdaderamente

9 En el manuscrito esta numeración no tendrá continuación.

10 Derrida subraya la palabra «misma» varias veces en el manuscrito.

11 A. Lalande, *Vocabulaire technique et critique de la philosophie, op. cit.*

serio del espíritu que se aparece de ese modo a sí mismo en el sentido original y auténtico de su poder. Es, pues, a través de la negación o el pensamiento de la nada como el espíritu se autentifica así mismo como libertad. Libertad negadora sin la cual —y esto es lo importante—, libertad negadora sin la cual la afirmación en sí sería imposible y sin valor. Cuando digo «la mesa es blanca», no llevo a cabo un gesto «natural» que pueda ser un reflejo condicionado, un deseo del cuerpo o la prolongación de una simple percepción fisiológica. Para que mi juicio afirmativo tenga valor de verdad, es preciso que haya sido libre de decidirme por la verdad y que haya estado en condiciones de decir algo distinto de lo que digo. Valga esto para el juicio atributivo.

Pero lo mismo ocurre con el juicio de existencia cuando digo: la mesa existe. Si digo «la mesa existe», esto implica que podría pensar y poner la no-existencia de la mesa. Bergson había utilizado de una manera extraña la crítica kantiana al argumento ontológico. Con el pretexto de apoyarse en Kant, decía lo siguiente, invirtiendo de alguna manera la observación de Kant: poner A como existente o como no-existente no cambia nada en el concepto de A (en su definición).[12] Pues pensar A como no-existente es lo mismo que pensarlo como existente. No pienso nada distinto de A cuando rechazo la existencia de A. Así pues, la negación o «nihilización» es ilusoria. Porque pensar es pensar lo existente. Lo cual es una curiosa interpretación del kantismo, que desemboca finalmente en una posición radicalmente opuesta a la de Kant y a poner la existencia en el concepto argumentando por el hecho de que la no-existencia no modifica el concepto. Pero para Kant, precisamente, ni la existencia ni la no-existencia

12 En el manuscrito hay una marca de adición «↔».

entran en el concepto y ambas requieren actos de posición o no-posición del todo originales y extralógicos.

Por lo tanto, cuando Lachelier dice que Bergson tiene razón desde el punto de vista de su realismo pero que la crítica a la idea de la nada se le gira contra su realismo, quiere decir lo siguiente: sin duda es coherente con un realismo decir que todo pensamiento debe ser primero intuición de lo existente y que el ser es siempre lo *innegable,* pero esta tesis se gira contra el realismo en la medida en que no otorga a la libertad el papel que le corresponde. Porque solo desde esta libertad, como hemos visto, la afirmación del ser y de su «innegabilidad» adquiere valor y sentido. Volvemos a la idea de Lagneau y a la dependencia de la afirmación ontológica del ser respecto de la afirmación axiológica del valor. El verdadero realismo, es decir, el realismo filosófico, *pensado* y *crítico* y no ingenuo o animal, supone, con respecto a la totalidad del ser, una libertad y por lo mismo un poder de negación. Lo cual permite a Lachelier concluir: «La idea de nada implica y verifica la de "libertad"»,[13] y añadir: «En mi sentido de la palabra y no en el de Bergson».[14]

Porque, por supuesto, para Bergson la libertad no es esa posibilidad abstracta de elegir entre contrarios, que critica en la última parte de *Ensayo sobre los datos inmediatos de la conciencia,*[15] sino el devenir <palabra ilegible>[16] en la duración pura, concreta y vivida.

13 A. Lalande, *Vocabulaire technique et critique de la philosophie, op. cit.*

14 *Ibid.* Derrida cambia la cita original que es «(en mi sentido de la palabra y no en el suyo)».

15 H. Bergson, *Essai sur les données immédiates de la conscience,* PUF, París, 1948 (trad. cast., *Ensayo sobre los datos inmediatos de la conciencia,* Salamanca, Sígueme, 1999).

16 En el manuscrito hay una palabra ilegible que puede ser «otro».

Es fácil ver cómo Bergson escaparía a esta crítica de Lachelier. Sería concediendo que, en el plano del juicio y del lenguaje —en el sentido más profundo de la palabra—, hay todavía simetría entre el *sí* y el *no*, pero que, en la medida en que todo juicio y todo lenguaje remiten siempre, en *última instancia*, a una percepción antepredicativa y silenciosa, la simetría se rompe de nuevo en beneficio de una afirmación primordial. Observad que no lo hace explícitamente: todo su análisis se desarrolla en el plano del juicio, y precisamente del juicio y del lenguaje afirmativo pretende demostrar la prioridad.

Goblot lo hace cuando, en su *Traité de logique*, comienza haciendo suya la crítica de Lachelier para concluir que es la *percepción* y no el *juicio* lo que contiene esta irreductible y primitiva *afirmación*.

Esto escribe en la página 167 de su *Traité*:

> Observemos en primer lugar que los juicios afirmativos también pueden enunciarse por medio de una fórmula modal: «Te equivocarías si negaras o dudaras que…». El carácter dialéctico y polémico —«pedagógico y social», dice Bergson— de los juicios negativos pertenece también a muchos juicios afirmativos. La afirmación puede ser una protesta contra una posible negación, y puede también «apuntar hacia alguien y no hacia algo».
>
> *Hay que buscar la distinción en otra parte.*[17] O bien el juicio, afirmativo o negativo, es la respuesta a una pregunta, el resultado de un examen, la conclusión de un debate, el fin de una duda, y en este caso el *sí* presupone la posibilidad del *no*, igual que el *no* la posibilidad del *sí*, o bien el juicio se hace

17 Derrida subraya.

> a la primera, sin dudas ni examen previo, y en este caso no es una *«respuesta»*,[18] sino una información que aparece y que no se pedía. Entonces no puede ser más que afirmativo. Es el caso de la aserción implicada en toda percepción.[19]

Lo que incomoda de Goblot es que todavía haga <de> la percepción una especie de juicio, en virtud de un intelectualismo muy clásico. Con lo que corre el riesgo de no ser muy coherente porque todo juicio, perceptivo o no, ha roto la inmediatez de la afirmación primitiva. Por lo que es necesario quedarse <una palabra ilegible>[20] en el terreno del juicio para poder dar toda la fuerza a esta tesis. Entonces veremos que, aun cuando al final el sí es todavía primero, la posible negación existe ya antes del juicio y antes del lenguaje.

Es lo que muestra Husserl en el §21 de *Erfahrung und Urteil*[21] *(Experiencia y juicio)*. Se trata de un libro redactado por uno de sus discípulos, Landgrebe, a partir del manuscrito con fecha de 1919, en una elaboración llevada a cabo bajo la cuidadosa dirección de Husserl hasta 1938.

La descripción de Husserl, cuyas conclusiones, en su esquema, podrían acompañar a las de Bergson, tiene dos ventajas sobre la de este último.

1. Desciende de nuevo a las profundidades de la experiencia antepredicativa que son el fundamento del juicio.[22]

18 Derrida subraya y añade las comillas.

19 E. Goblot, *Traité de logique*, Librairie Armand Colin, 1918, París. p. 167 (trad. cast., *Tratado de lógica*, Madrid-Buenos Aires, Poblet, 1929).

20 En el manuscrito hay una palabra ilegible que puede ser «resueltamente».

21 E. Husserl, *Experiencia y juicio. Investigaciones acerca de la genealogía de la lógica*, México, UNAM, 1980.

22 Aquí hay un añadido en el manuscrito enmarcado con una línea, «Goblot y Bergson <palabra ilegible> percepción».

2. Aunque haya recurrido a la *decepción*,[23] esa descripción no es un análisis psicológico sino trascendental. Para Husserl, lo psicológico, como sabéis, no es, como para Bergson, la referencia última y la última realidad. Lo psicológico pertenece a lo intramundano constituido por un sujeto trascendental y «reducido» por la *epokhé*. El análisis husserliano está libre, aquí, de esa metafísica o de esa presunción especulativa que, en la crítica bergsoniana de la negación, hace de lo psicológico el ser más profundo, la esencia misma de lo real. Acordaos del texto citado sobre esta cuestión.

Para Husserl, el juicio es el producto de una actividad segunda. El suelo último del juicio es una creencia pasiva, una adhesión pre-judicativa, pre-crítica, por lo tanto, ingenua, a las cosas que nos están siempre pre-dadas de alguna manera. A esa creencia, esa adhesión pasiva e ingenua al mundo predado, Husserl la llama *doxa*. Sin tener, como en la filosofía griega, un sentido peyorativo, significa no obstante, como en la filosofía griega y como en Platón en particular, por oposición a la *epistéme*, la adhesión pre-judicativa, pre-lógica, pre-epistemológica a lo que aparece, a lo que me es dado. Por supuesto, en Platón → sombra. En Husserl, ninguna metafísica. El ente mismo me es así pre-dado, incluso antes de que yo lo juzgue y diga *esto* es *eso*. Incluso antes de reflexionar y juzgar, sé que el mundo está ahí, que hay cosas que existen fuera de mí, y que es a este mundo pre-dado a donde remiten toda afirmación, toda verdad, toda ciencia. La *epistéme* remite a la *doxa*. Lo predado vivido antes del juicio es el peso de las cosas en el «mundo de la vida» y, por lo tanto, la medida y la seriedad de todo enunciado filosófico o científico; este *sí* prejudicativo es, pues, una certeza primaria e irreducible que escapa, en cuanto tal,

23 En el manuscrito las palabras «y a la duda» aparecen tachadas.

a toda negatividad. En particular, toda alucinación y toda imaginación presuponen, de derecho, esa certeza dóxica de lo que está en todo caso predado en la percepción. Como podéis ver, estamos lejos de la crítica de Alain a la creencia. Sin que haya aquí necesariamente contradicción entre Alain y Husserl. La creencia de Alain se definía a partir de un juicio, como juicio precipitado, como lenguaje imprudente e ingenuo sobre la apariencia. La creencia de Alain era un juicio, un *pre-juzgado*,[24] es decir, algo «juzgado de antemano», por pre-sunción, mientras que la *doxa* originaria en Husserl es pre-judicación, es decir, que condiciona y precede al juicio, es el pre-dato sobre el que operará la actividad lógica del juicio.

Entonces, ¿cómo aparecerá la negación sobre el suelo de esta *doxa* pasiva? ¿Cómo se modificará esa primera certeza en negación?[25] También aquí, como en Bergson, por algo a modo de «una espera decepcionada», p. 94:[26] «El interés perceptivo por el objeto puede persistir; sigue siendo contemplado, sigue dado de tal manera que se lo puede contemplar. Pero en lugar del cumplimiento de las intenciones de expectativa se presenta una *decepción*».[27] Husserl utiliza el ejemplo siguiente: una esfera percibida como uniformemente roja.[28] La percepción da, y constituye, a partir de significados actualmente percibidos, intenciones de expectativa.

24 Aquí, en el margen del manuscrito, Derrida añade y subraya «del género», que une con un trazo a «pre-juzgado» en el cuerpo del texto.

25 Aquí, en el manuscrito, Derrida añade y subraya: «no a través del juicio».

26 Derrida indica aquí la paginación alemana de *Erfahrung und Urteil*; el libro no había sido todavía traducido al francés en esta época. El texto es traducción del mismo Derrida.

27 E. Husserl, *Experiencia y juicio, op. cit.*, p. 95.

28 En el interlineado del manuscrito hay un añadido entre paréntesis que probablemente es: «(en la cara iluminada)».

Es decir, me anticipo a partir de lo que veo a lo que no veo, y contemplo «de vacío» la parte oculta de la esfera como si fuera también uniformemente roja. Eso antes incluso de que haya juzgado, ¿no es así?, antes incluso de decir «toda la esfera es roja». En ese momento[29] mi expectativa sufre una decepción, el reverso de la esfera no es rojo sino verde, no es uniforme sino abollado. Continúo percibiendo la esfera como una sola y única esfera, y la unidad del proceso intencional no se ve mermada. Sigo siendo *yo* quien percibe la *misma* esfera. Pero esta unidad de sentido contiene en sí misma una corrección parcial que de alguna manera la enturbia. Conlleva un «no eso sino aquello, no es así, sino asá». El rojo que anticipaba, que esperaba, sigue siendo un significado componente, presente en una percepción actual, pero presente con un índice de «nulidad», de «invalidez». Esto solo es posible sobre el trasfondo de la temporalización tal como la describe Husserl, como una dialéctica intencional de protensión y retención. El *ahora* es siempre una tensión, por un lado, entre el ahora pasado, que justo acaba de pasar y que es retenido, porque si no fuera retenido no podríamos percibir la originalidad del ahora, su actualidad respecto del pasado; y, por otro lado, entre el *ahora* que se anuncia, que se anticipa mediante una protensión. Pues bien, aquí el significado de la expectativa anticipante del rojo se ha mantenido, retenido como expectativa decepcionada, «anulada» dice Husserl *(Aufhebung)*. Por lo que el *verde* y las *abolladuras* percibidos están afectados, también ellos, por un significado «polémico» o de «contradicción». Es el significado que ha *suplantado* a la cualidad pre-vista. (Temporalidad ausente en Alain y en Bergson).

29 En el interlineado del manuscrito hay un añadido: «al ampliarse mi percepción →».

Esta descripción, aunque referida a un objeto externo, podría hacerse de manera análoga a propósito de cualquier objeto. Muestra en todo caso que «la negación no solo es cosa del juicio predicativo, sino que en su forma primaria se presenta ya en la esfera antepredicativa de la experiencia receptiva».[30]

La negación es, pues, anterior al juicio —afirmativo o negativo—, lo que nos permite resolver las dificultades anteriores (conflicto Lachelier – Bergson – Goblot), pero posterior a <la> certeza dóxica, a una especie de afirmación pasiva originaria que no <una palabra ilegible>,[31] pero modifica, lo que nos permite comprender el verdadero significado del primado del *sí* sobre el *no*.

Husserl escribe, en efecto, que la negación «consiste siempre en la cancelación parcial sobre el terreno de una certeza de la creencia, que *se mantiene* a través de esa modificación y, a fin de cuentas, sobre el suelo de la *creencia universal en el mundo*».[32]

Los resultados de este análisis husserliano se unen, por consiguiente, a los de la crítica bergsoniana:

1) en cuanto no dan cabida a una *nada*, a ninguna positividad de la nada, y mucho menos a ninguna prioridad de la nada;

2) en cuanto apelan a una experiencia —aquí una experiencia intencional— de la decepción.

Pero van más allá del análisis bergsoniano en la medida en que

1) —lo subrayo, a riesgo de repetirme— el análisis no es psicológico;

2) *sobre todo* el sentido de lo *negado* es *objetivo*; no es una ilusión subjetiva. Es así porque el análisis de la

30 E. Husserl, *Experiencia y juicio, op. cit.*, p. 79.

31 En el manuscrito hay una palabra ilegible que puede ser «ratifica».

32 E. Husserl, *Experiencia y juicio, op. cit.*, p. 99. Derrida subraya.

subjetividad es mucho más fino y diferenciado en Husserl;

3) experiencia negativa (rechazo aversión – indiferencia).

¿Qué quiere decir que el significado de lo *negado*, o de lo que está *anulado*, o *cancelado*, es *objetivo*? Entendámonos bien. Por supuesto, no está en el objeto *real*, en la esfera roja y verde que es efectivamente una plenitud de ser. No está, pues, en el mundo. Pero tampoco está en mí, como componente real de mi subjetividad, porque en mí solo hay una serie de actos noéticos posibles. Está en lo que Husserl llama el *nóema*, que es el objeto en cuanto *intencional*, en cuanto se me aparece. Ahora bien, este *nóema* no es ni 1) la cosa en sí, en su materialidad y en cuanto existe fuera de mí, en el mundo, ni 2) un componente real de mi conciencia, ya que es un objeto para mi conciencia. *El nóema es un componente intencional y no real de la conciencia*, dice Husserl. Pero acordaos de que el mismo conflicto de la esfera roja y verde *retiene* a título de una especie de sedimentación el sentido de la decepción a partir de la cual se ha constituido. El verde y la abolladura no son los mismos con o sin la decepción que los ha precedido. Tras la decepción, son verde y abolladura sobre fondo de, sobre cancelación de rojo y de uniformidad esperados y anticipados. Esta negatividad acecha a su significado y forma parte del propio *nóema*. Y aquí no hay ninguna contradicción porque el nóema no es *nada* real puesto que es un significado (negatividad del sentido y del objeto). Pero esa *nada* tiene un valor objetivo. Y podríamos reconsiderar a la luz —recurrente— de este análisis el famoso § 49 de *Ideas*[33] relativo a la aniquilación

33 E. Husserl, «La conciencia absoluta como residuo de la aniquilación del mundo», en *Ideas relativas a una fenomenología pura y una filosofía fenomenológica*, México, FCE, 1949, pp. 112-114.

de la totalidad del mundo. (Espero que lo hagamos de aquí a finales de año).

Cuando se ha llegado al final de este análisis husserliano, nos cuesta comprender las cuatro críticas de Sartre, en su brillantísimo e interesante capítulo sobre «El origen de la negación» en *El ser y la nada* (capítulo del que solo podré proponeros algunas claves, pero cuya lectura os recomiendo vivamente), nos cuesta comprender, decía, los reproches que Sartre dirige sobre dos puntos a Husserl.

1) Sartre, después de haber mostrado en primer lugar que, indudablemente, no habría negación y no-ser sin una *expectativa* y un *proyecto* de la conciencia (lo cual es, de alguna manera, una evidencia axiomática que ningún filósofo discutirá), añade que, no obstante, los no-seres no deben ser reducidos a puros fantasmas subjetivos. Algo que también acabamos de ver. Ahora bien, Sartre hace del nóema husserliano un fantasma de ese tipo y acusa de alguna manera a Husserl de pecado bergsoniano. He aquí lo que escribe (p. 41): «Sería, pues, vano negar que la negación aparece sobre el fondo primitivo de una relación entre el hombre y el mundo; el mundo no descubre sus no-seres a quien no los ha puesto previamente como posibilidades. Pero ¿significa esto que estos no-seres han de reducirse a la pura subjetividad? ¿Significa que ha de dárseles la importancia y el tipo de existencia del *lektón* estoico, del nóema husserliano? No lo creemos así».[34] Sartre no tiene, por consiguiente, en cuenta la insistencia con que Husserl subrayó que el nóema no es realmente parte de la conciencia.[35]

34 J.P. Sartre, *El ser y la nada. Ensayo de ontología fenomenológica*, Madrid, Alianza, 1989, p. 43.

35 Aquí, en el manuscrito, Derrida añade: «no-ser, ni en el mundo ni en la conciencia, en relación, *transición*. (Sartre lo dice en otra parte)».

A continuación 2) sospecha que Husserl padece una «ilusión cosista» (es expresión suya, p. 63). Ilusión cosista que consistiría en hacer de la intención «vacía» o «plena» que hemos descrito algo así como un *recipiente* (vacío o lleno). «Esas intenciones —dice— son de naturaleza psíquica [aquí es él y no Husserl quien habla, equivocadamente, el lenguaje de la psicología], y sería erróneo considerarlas como cosas, es decir, como recipientes dados de antemano, que podrían estar, según los casos, llenos o vacíos, y que serían por naturaleza indiferentes a su estado de plenitud o vaciedad. Parece que Husserl no escapó siempre a esta ilusión cosista».[36]

Ahora bien, es preciso decirlo, nada es más ajeno a Husserl que esa intención-recipiente. La intención para él es un *acto* y no un continente (sería preciso por lo menos no olvidar que la intencionalidad es ante todo una obsesión husserliana y la denuncia de los contenidos) y soporta un acto, es decir, una *nóesis* que *no existe nunca* antes o sin su correlato objetivo y noemático.[37]

Dicho esto, Sartre nos propone las descripciones más sutiles del origen de la negación. Insiste mucho y de forma muy concreta en el carácter prejudicativo de toda expresión negativa y en el origen no judicativo de la negación (eso sin citar *Erfahrung und Urteil* que en esa época no era todavía conocido en Francia, según creo...). Muestra también que «sobre el fondo —cito— de una familiaridad preinterrogativa con el ser, espero de este ser un develamiento de su ser o de su manera de ser. La repuesta será un *sí* o un *no*[38]».[39]

36 J.P. Sartre, *El ser y la nada, op. cit.*, p. 62.

37 En el manuscrito hay aquí una marca de adición «↔».

38 J.P. Sartre, *El ser y la nada, op. cit.*, p. 41. Derrida subraya.

39 En el manuscrito, después de la cita, Derrida añade y subraya la palabra «doxa».

Así pues, la actitud interrogativa y en consecuencia negativa no es necesaria en una situación de diálogo interrogativo. Con igual facilidad puedo interrogar a mi motor cuando se avería, esperar una respuesta de la bujía, del carburador, etc.

El no-ser, si está por lo tanto ligado a un proyecto interrogativo, no existe *en sí*. El ser en sí no admite nunca la nada en sí mismo. Es absolutamente pleno e indestructible. La destrucción y la fragilidad, por ejemplo, aparecen siempre a través del hombre, son significados proyectados, sin ser ilusiones negativas. Lo mismo vale para cualquier ausencia cuya percepción esté constituida por una doble *nihilización:* 1) nihilización de un *fondo* y del mundo en su conjunto para percibir la forma de una ausencia determinada (Pierre ausente de este café);[40] 2) nihilización de la *forma* (forma de Pierre esperado y en retraso, es una nada en la plenitud del café y del mundo). (¿Leer p. 45?).

La nada no está, pues, en el ser, y tampoco es cosa del ser. Su modo de ser es el del *acecho*, presencia-ausencia; es preciso que la nada aceche al ser para que la negación sea posible. Pero como la nada no es, es decir, no es nada en sí, está *nihilizada*, *es sida*, dice Sartre[41] para el para-sí. Hay que preguntarse, entonces, por lo que debe ser el para-sí para que la nihilización de la totalidad del mundo sea posible para él. No tenemos aquí, desafortunadamente, la posibilidad de continuar con esta pregunta siguiendo a Sartre. Ese poder de nihilización define el para-sí como libertad y es en la angustia —angustia que Sartre describe siguiendo y reconciliando Kierkegaard y Heidegger (convendría también plantear algunas cuestiones a Sartre)—, y es en la angustia, «captación reflexiva de la libertad por ella

40 El ejemplo es de Sartre, en el capítulo 2, «Les négations», de *El ser y la nada*, *op. cit.* p. 45-46.

41 J.P. Sartre, *El ser y la nada, op. cit.*, p. 58.

misma»[42] como me comprendo a la vez totalmente libre —porque yo constituyo el mundo en su totalidad superándolo con mi poder de nihilización— y como (cito) «incapaz de no hacer que el sentido del mundo le provenga de mí».[43] Angustia a partir de la cual puede plantearse[44] la pregunta «¿por qué hay algo y no más bien nada?»; angustia de la que no puedo huir porque el proyecto de fuga supone que me cruzo con la angustia en el preciso momento en que huyo de ella. Es lo que se llama «mala fe», noción que Sartre examina en el capítulo siguiente.

Apuntemos, para concluir, que Heidegger se ha citado de pasada y se ha integrado —con algunas críticas y algunas aportaciones— a la propuesta sartreana. Ahora bien, es probable que Heidegger, si nos referimos simplemente a *Was ist Metaphysik* (por lo tanto, a una de sus primeras posiciones, que os invito a leer, texto breve y denso, con traducción de Corbin, 1938),[45] es probable que Heidegger hubiera rechazado este análisis, como también el de Husserl. Y eso por la siguiente razón, de la que simplemente señalo el principio. Pese a todos los progresos de los análisis husserlianos y sartreanos respecto de los análisis anteriores del origen de la negación y de la «nada», en todos ellos se sitúa como último recurso ese origen en el proyecto o la intencionalidad de un ente que se denomina conciencia, yo trascendental en Husserl, para-sí y libertad en Sartre. Pero un ente entre cualesquiera otros, un tipo de ente entre otros —sean sujetos o para-sí— no puede ser responsable de la nihilización de la totalidad de los entes porque por hipótesis él mismo se excluye. La reducción fenomenológica más comprehensiva, la más extendida, la angustia más pro-

42 *Ibid.*, p. 75.

43 *Ibid.*

44 Derrida parafrasea a Sartre, que lee a Heidegger, *El ser y la nada, op. cit.*, p. 54.

45 M. Heidegger, *¿Qué es metafísica?*, Alianza, Madrid, 2006.

funda, son siempre en este caso inadecuadas para nihilizar la totalidad del mundo, la totalidad de los entes, la totalidad de las regiones del ser, al hombre, el para-sí, conciencia incluida.[46] Es, pues, necesario superar esta oposición conciencia/mundo, para-sí/en-sí, demasiado marcada por la oposición tradicional sujeto/objeto, para entender la nada como la nihilización de la totalidad de los entes. Nihilización de la totalidad de los entes <una palabra ilegible>[47] a partir de la cual el ser del ente puede aparecer y a partir de la cual puede surgir la pregunta «por qué hay ser y no más bien nada». Observemos por qué la angustia heideggeriana no puede ser la de Sartre y quizá también por qué Heidegger abandonó ese tema por el hecho de que todavía hacía demasiada referencia al hombre o a la conciencia, guardiana del ser y centinela de la nada (cf. aquí vigilancia heideggeriana y vigilancia de Alain).

A ello Husserl y Sartre responderían sin duda que el sujeto trascendental y el para-sí no son entes puesto que no existen en el mundo como objetos.[48] Naturalmente. También por esa razón Heidegger rechaza cada vez más partir sea del ser o sea del ente, y parte más bien de la «*diferencia* entre el ser y el ente», que él llama *diferencia* óntico-ontológica. Esta diferencia[49] por la que el ser se muestra evadiéndose en el ente es lo que, al final de nuestro largo pero demasiado corto itinerario, que fue más bien una regresión, nos permitiría entender realmente a Alain cuando dice que «pensar es decir no».

46 En el interlineado hay una palabra añadida que puede ser «región».

47 En el manuscrito hay dos palabras ilegibles, una de los cuales sin duda es «ente». Añadido en el interlineado, el lugar de estos ilegibles es incierto. Podrían estar tras la primera palabra de la frase, «nihilización».

48 En el interlineado se ha añadido una frase: «Región, pero región privilegiada – *malentendido* = punto de negación».

49 En el interlineado hay un añadido: «diferencia: <una palabra ilegible que puede ser «vínculo»> y nada de la negación».

UNIVERSITÉ DE PARIS
FACULTÉ DES LETTRES
ET SCIENCES HUMAINES
HISTOIRE DE LA COLONISATION
17, RUE DE LA SORBONNE
PARIS (5e)

LE 16 19

Après Husserl et Sartre [illegible] Sartre pour la [illegible] [illegible] et la [illegible] ne sont pas des étants pourquoi [illegible] [illegible] [illegible] l'être [illegible] comme des objets – Bien sûr. [illegible] à partir loin de aussi pourquoi Heidegger se refuse [illegible] la "différence" entre l'être l'être isolé de l'étant, mais plutôt de la différence ontico-ontologique. ou l'étant", ce qu'il appelle D. différence [illegible] se déchire [illegible] cette différence par laquelle l'être se montre [illegible] dans l'étant voilé [illegible] l'inverse [illegible] termes de notre langage, mais trop court [illegible] plutôt [illegible] une réflexion, [illegible] permettrait d'entendre [illegible] Alain quand il dit que "penser, c'est dire non".

Apéndices

Ficha 1[1]

Por qué la angustia sartreana no puede ser «metafísica» (ontología en general)
Cf. final de *El ser y la nada*, pasaje antología-metafísica

1 El orden de las fichas presentadas a continuación sigue la organización de los fondos Derrida en el Critical Theory Archive de la Universidad de California, Irvine. En la medida de lo posible, las notas de Derrida se han transcrito aquí tal como aparecen en las fichas originales.

Ficha 2

Recordar:
1. Descripción nivel antepredicativo permite comprehensión experiencia negación como odio-aversión-miedo, etc. (afecto). Cf. Heideger y Sartre.
2. Originalidad del sentido de lo negado (esfera roja) se plantea cuando se habla del juicio.
3. Explicar necesidad disimulo del ser para aparecer en una región.

Ficha 3 (recto/verso)

Descartes: nada y defecto (*Discurso IV*)
«Podía creer que [esas ideas] procedían de la nada, es decir, estaban en mí, por ser yo defectuoso».

Pascal (*De l'Esprit géométrique,* p. 181)
«Hay quienes pretenden [...] que dos nadas de extensión pueden formar una extensión, tan bien como dos unidades de las que ninguna es número hacen un número por su mezcla; hay que replicarles [...] que mil casas hacen una ciudad, aunque ninguna sea ciudad... aunque una casa no sea una ciudad, no es sin embargo una nada de ciudad; hay mucha diferencia entre no ser una cosa y ser una nada de ella».

Sartre: «La nada no es [...] es nihilizada por un ser que la sostiene».[2]
«El hombre es el ser por el cual la nada adviene al mundo».[3]

2 Aquí Derrida parafrasea Sartre en *El ser y la nada, op. cit.*, p. 58.
3 *Ibid.*, p. 60.

Ficha 4 /recto/verso)

Bossuet de una positividad de la fuerza negativa, *Lógica*: infortunados ≠ no afortunados injusto ≠ no justo

Sigwart idea negación definida ni por presencia de un contenido mental positivo ni por su ausencia. Pensar A como ausente es ante todo pensar y por lo tanto tenerlo presente en el espíritu.

Kant no concepto negativo desde el punto de vista de la lógica, sino realidad desde el punto de vista transcendental.

Hamilton *«There is no negation conceivable without the concomitant conception of an affirmation: for we cannot deny a thing to exist, without having a notion of the existence which is denied»*.[4]

Kant *Crítica de la razón pura*. «Desde el punto de vista del contenido de nuestro conocimiento en general [...] las proposiciones negativas tienen como

4 W. Hamilton, *Lectures on Metaphysics and Logic, op. cit.*, p. 216.

función propia simplemente impedir el error».[5] Citado por Sigwart citado por Bergson.

Lachelier se une a la crítica de Goblot (sobre el plan lógico) p. 166-167[6]
Podemos invertir la fórmula de Sigwart. «Esta mesa es blanca» implica que podríais creer que no lo es.

y contra Bergson «Si el espíritu y el pensamiento son algo y si existir es ser puesto por el espíritu, este puede, con igual libertad, poner cualquier ser o negarse a poner lo que sea (o por lo menos concebirse, por abstracción, como no poniendo nada, concebir su propia libertad al margen de todo ejercicio actual de esta libertad). La observación de Bergson es singularmente profunda y perfectamente correcta, desde el punto de vista de su realismo; pero se revuelve contra este mismo realismo. La idea de la nada implica y verifica la de la "libertad" (en el sentido que doy yo a la palabra, no en el suyo)».[7]

5 Aquí Derrida parece citar a H. Bergson, quien cita a Kant en la nota 3, p. 312 de *L'Évolution créatrice, op. cit.*: «Kant, *Critique de la raison pure*, 2ª edición, p. 737: "Desde el punto de vista del contenido de nuestro conocimiento en general,... la función propia de los juicios negativos no consiste más que en impedir el error". Cf. Sigwart, *Logik*, 2ª edición, vol. I, p. 150ss».

6 E. Goblot, *Traité de logique, op. cit.*, p. 166-167.

7 J. Lachelier, «Annotations au vocabulaire de la Société française de philosophie», art. citado, pp. 197-198. Derrida subraya.

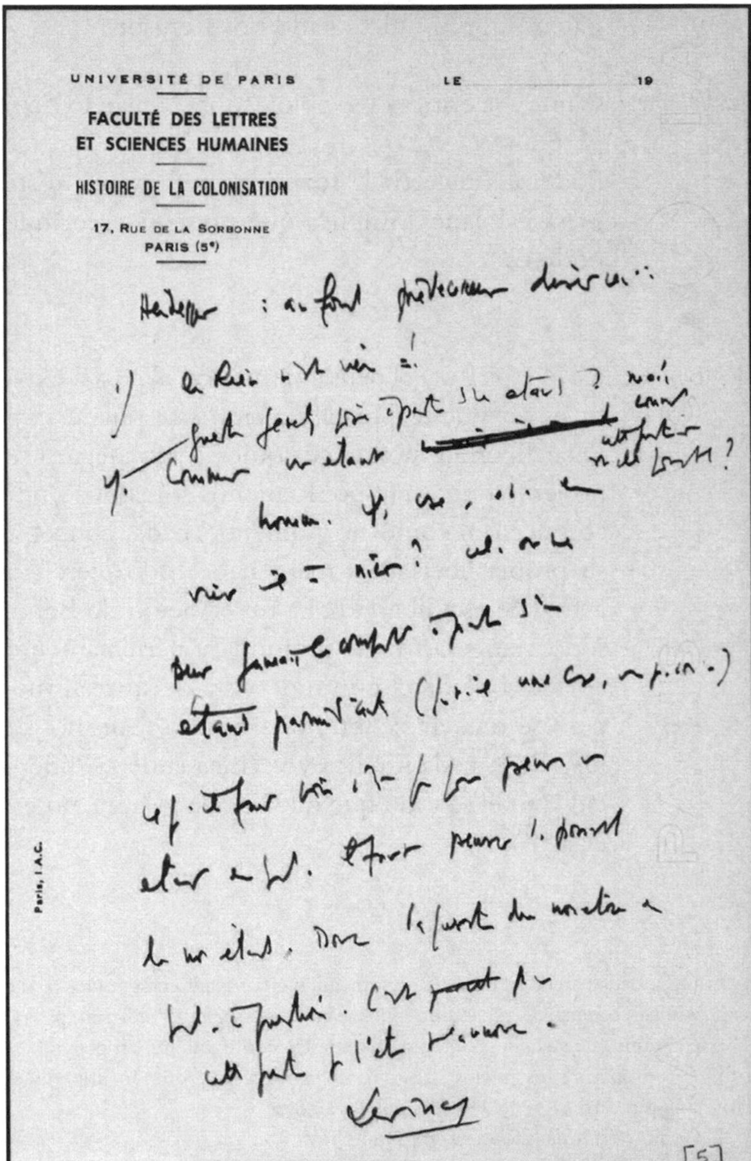
UNIVERSITÉ DE PARIS   LE   19

FACULTÉ DES LETTRES
ET SCIENCES HUMAINES

HISTOIRE DE LA COLONISATION

17, RUE DE LA SORBONNE
PARIS (5e)

Heidegger : au fond [illegible]

[illegible]

Paris, I.A.C.

[5]

Ficha 5 (recto)

Heidegger: en el fondo predecesor <una palabra ilegible>:
1) La Nada no es nada = !
2) ¿Una pregunta generalmente puesta a partir del ente? Pero ¿cómo es posible esta pregunta? ¿Cómo llega a negarla un ente, el hombre, la filosofía, la conciencia, etc.? Esto nunca puede entenderse a partir de un ente entre otros (sea una conciencia, un para-sí); lo que hay que ver es que para pensar un ente en general, hay que pensar la posibilidad del no-ente. Así que la cuestión del no-ser en general a la pregunta. A través de esta pregunta el ser se anuncia a sí mismo.

Lévinas

Ficha 6 (recto)

No olvidar, con Sartre, experiencia pre-judicativa de negación rechazo – etc.

Ficha 7 (recto)

– Origen de la negación,
Background de cuestión moderna
Kant: Tomarse en serio lo negativo
Hegel: Trabajo de la negativo
(Antes de Platón
= negación = determinación
no-ser – Descartes
= privación)[8]
Origen: sin bajar al terreno de la lógica
– *Bergson* (Lachelier) *génesis psicológica* sin crítica
– Husserl *génesis transcendental* sin psicologismo
– Sartre (negatividad constitutiva[9] de la conciencia, prioridad del «en-sí»).
Conclusión: la *Nada* no es *nada*. Punto de partida.
Inversión: angustia heideggeriana.
El no-ente[10]

Temporalidad y negación

8 Desde el inicio de esta ficha a este punto, Derrida tacha sus notas.

9 En el manuscrito se añade lo siguiente en el interlineado: «pero negación "anterior" al juicio».

10 Aquí, «no-ente» va precedido de «no-ser del ente», que está tachado tachado.

Ficha 8 (recto)

Si en Alain el no no se sostiene en algun sí más fundamental,
significado?
– El sí axiológico

fundamento?[11]
– *nihil privativum et negativum.*
origen de la negación
– sí ontológico

11 Una flecha une «fundamento?» con «sí ontológico».

Ficha 9 (recto)

2ª parte

El sí como fundamento de toda negación.

en el plano de la filosofia ≠ duda

negatividad de las ides plat[ónicas]

no querer → nada *mal* Platón - Malebrache - san Agustín

- escepticismo
- Descartes Kant?
- Nihilismo?
- Lagneau

3ª Parte: si *sí* parece originario ¿de dónde viene el no? ¿y qué significa?

- Bergson
- Sartre
- Husserl
- Goblot
- Heidegger
- Birault

Ficha 10 (recto)

Alain
Mi dogma:
Para dudar, es necesario estar seguro, p. 280[12]
«[...] no habría ni siquiera teología sin un grano de duda. "Es bueno, dijo algún doctor, que haya herejes". Es una forma de decir que el espíritu que ya no sabe dudar deja de lado al espíritu. Incluso la virtud de un santo, ¿qué es sino una duda heroica sobre la virtud?».[13]

12 Alain, *Philosophie. Textes choisis pour les classes, op. cit.*, vol. 1, p. 280.
13 *Ibid.*, p. 283.

Ficha 11 (recto)

(3)

– Fe = creencia voluntaria (contrario de credulidad [p. 250]).[14]
«Los que rechazan creer son hombres de fe».[15]

– El loco es alguien que valora de un modo igual todos los pensamientos que le vienen (p. 258)[16]

– El loco es alguien que se cree (p. 259)[17]

– Pensamiento mecánico (dormido) p. 260-262[18]

– *Es necesario ante todo creer (sí)* p. 260[19]
Razón y pensamiento

– «No hay conciencia que no presuponga un mundo que siempre ha sido y siempre será».[20]

14 Alain, *Philosophie. Textes choisis pour les classes, op. cit.*, vol. 1, p. 250.
15 *Ibid.*, p. 260.
16 *Ibid.*, p. 258.
17 *Ibid.*, p. 259.
18 *Ibid.*, p. 260-262.
19 *Ibid.*, p. 260.
20 *Ibid.*, p. 26.

Ficha 12 (recto)

– Inmanencia $\neq$ dualismo cuerpo espíritu
Braque
– Fe
Después de la fe
Doble crítica
1– decir no supone sí
2– dualismo. Creencia juicio *inmanencia*
mente - naturaleza
mente -cuerpo

Ficha 13 (recto)

Creencia y fe *en Kant*

Ficha 14 (recto)

No
1) Alain

2) Negatividad y *sképsis,* método (ruta)
- escepticismo
- duda
- *epokhé* ?

los rechazos existenciales
libertad

3) La negación

Ficha 15 (recto)

Alain La duda es la sal del espíritu[21]
La función de pensar no se delega en absoluto[22]

21 Alain, *Philosophie. Textes choisis pour les classes, op. cit.*, vol. 1, p. 277.
22 *Ibid.*, pp. 277-278.

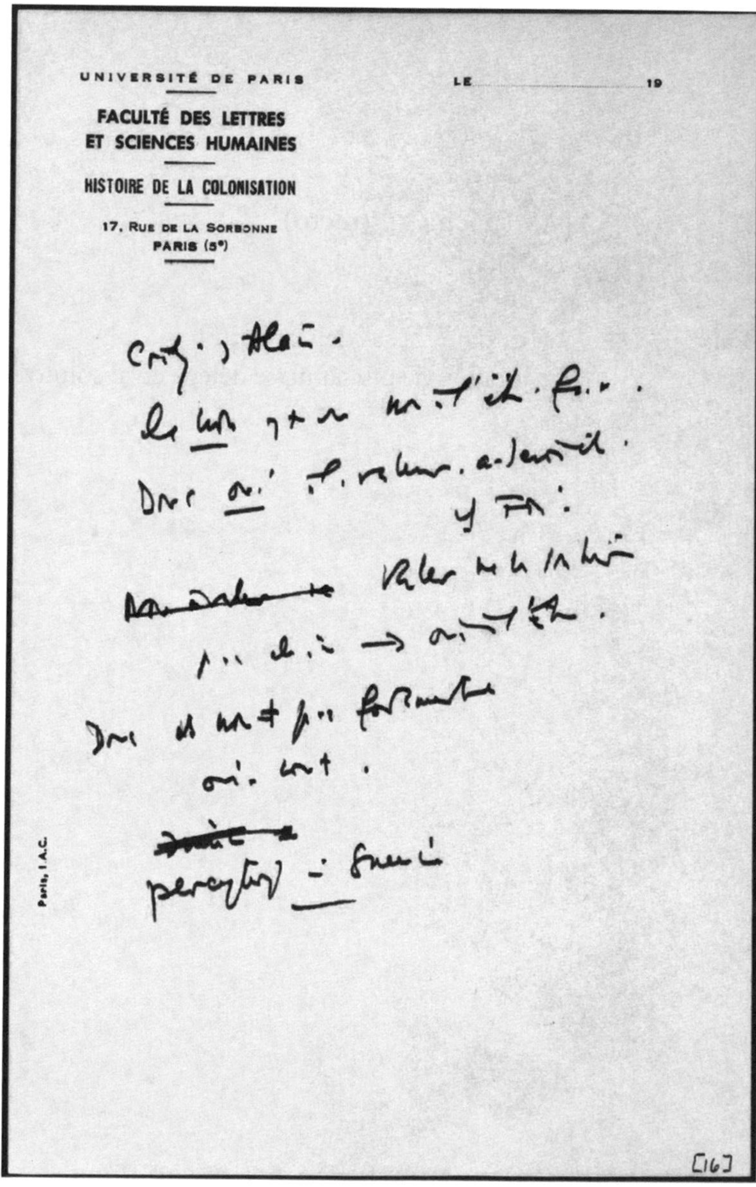

UNIVERSITÉ DE PARIS

FACULTÉ DES LETTRES
ET SCIENCES HUMAINES

HISTOIRE DE LA COLONISATION

17, RUE DE LA SORBONNE
PARIS (5e)

LE 19

Paris, I.A.C.

perception

[16]

Ficha 16 (recto)

Crítica de Alain.
El no es un no al ser-hecho.
Por lo tanto, *sí* al valor, al deber-ser
Cf. Fe
El valor no <palabras ilegibles>[23]
No es el caso → sí al ser
Entonces no ≠ paso fundamental
sí <dos palabras ilegibles>[24]
percepción – ciencia

23 Aquí hay tres o cuatro palabras ilegibles.
24 Aquí hay dos palabras ilegibles que pueden ser quizá «non plus» (tampoco).

Ficha 17 (recto)

2

Pensar

«Es sopesar lo que viene al espíritu, suspender su juicio, controlarse y no complacerse. Pensar es pasar de una idea a todo lo que se relaciona con ella y a todo lo que se le opone, de manera que concuerden todos los pensamientos con el pensamiento presente. *Es, pues, un rechazo del pensamiento natural y, en el fondo, un rechazo de la naturaleza, que, verdaderamente, no es juez de los pensamientos. Pensar es, pues, juzgar que no todo está bien en nosotros tal como se presenta;* es un trabajo largo y una paz previa».[25]

«Tal es el espíritu de la incredulidad, que no es más que el espíritu mismo» (p. 250)».[26]

25 Alain, *Philosophie. Textes choisis pour les classes, op. cit.*, vol. 1, p. 258. Derrida subraya.

26 *Ibid.*, p. 250.

Ficha 18 (recto)

– Pensar es decir *sí* = Lagneau
– ateísmo y <dos palabras ilegibles> [27]
– aquiescencia y sueño
– Cf. Valéry Sartre
Husserl Bergson

27 En el manuscrito hay dos palabras ilegibles. La primera es sin duda un término griego. La segunda puede ser «inspiración» y está unida con una flecha a «Lagneau».

Ficha 19 (recto)

Creencia y verdad
«En resumen, digo que el espíritu aún no ha hecho nada; pero es porque no está despierto. Veneramos un montón de piedras enormes, y los verdaderos creyentes aportan una piedra más cada día. Tal es la tumba de Descartes.
Deberíamos atrevernos; no nos atrevemos. ¿Pero lo sabemos? La doctrina del libre juicio está profundamente enterrada. *Apenas veo a nadie más que a creyentes. Tienen el escrúpulo de creer solo lo que es verdad. Pero lo que creemos nunca es verdad*».[28]
y todo lo que sigue… p. 274.
Cf. también p. 277.

28 Alain, *Philosophie. Textes choisis pour les classes, op. cit.*, vol. 1, p. 273. Derrida subraya.

Índice de nombres